Wühlmäuse und Maulwürfe

Dr. Manfred Fortmann

Wühlmäuse und Maulwürfe

Erkennen • Vorbeugen • Abwehren

Bechtermünz Verlag

Inhalt

Einleitung

»... Ihre geistigen Fähigkeiten sind gering. Alle vermehren sich stark, manche Arten geradezu in unglaublicher Weise ... Sie ist neugierig, sonst aber beschränkt und ziemlich gutmüthig ...«
Entschuldigung, gemeint sind natürlich **Wühlmäuse,** so beschrieben von Brehm im Jahre 1877. Und bei den **Maulwürfen,** den »Kindern der Finsternis«, die »in den Gängen ... so rasch gehen wie ein trabendes Pferd«, kommt es noch ärger:
»... Die geistigen Fähigkeiten sind gering, obwohl nicht in dem Grade, als man gewöhnlich zu glauben geneigt ist. Doch scheinen die sogenannten schlechten Eigenschaften weit mehr entwickelt zu sein als die guten; denn alle Mulle *(gemeint sind die Maulwürfe; Anm. des Autors)* sind im höchsten Grade unverträgliche, zänkische, bissige, räuberische und mordlustige Thiere, welche selbst den Tiger an Grausamkeit übertreffen ...« (Brehm, 1877).
Nun, in den letzten 100 Jahren konnte ein wenig mehr Licht in die Biologie und Ökologie von Wühlmäusen und Maulwürfen gebracht werden. War es früher aufgrund ihrer versteckten, überwiegend unterirdischen Lebensweise recht schwierig, genaueres über das Verhalten dieser ungeliebten Tunnelbauer zu erfahren, so stehen heute moderne Forschungsmethoden zur Verfügung. Um beispielsweise den Verlauf von Erdgängen aufzuspüren, muß man den Boden nicht mehr mühevoll aufgraben. Mit Hilfe kleiner Radiosender, die den Tieren um den Hals gelegt werden, kann deren Aufenthaltsort an Hand von Funksignalen festgestellt und somit der Aufbau ganzer Gangsysteme ermittelt werden (Radiotelemetrie).
Allerlei Wissenswertes und Interessantes über den »Lästling Maulwurf« und den »Schädling Wühlmaus« sowie die zahlreichen Möglichkeiten ihrer Abwehr wurden

Die Wühlmaus ernährt sich unter anderem von frischen, saftigen Wurzeln

für diesen Ratgeber zusammengetragen. Die Gründe für eine gemeinsame Darstellung von Wühlmäusen und Maulwürfen in **einem** Buch liegen dabei auf der Hand: Beide ähneln sich in ihrer unterirdischen Lebensweise, dem Anlegen von Gangsystemen und dem Aufwerfen von Erdhaufen. Sie bewohnen den gleichen Lebensraum, mitunter sogar dieselben Erdgänge. So kommt es auch immer wieder zu Verwechslungen. Ein ganz wesentlicher Unterschied zwischen beiden ist aber, daß Wühlmäuse große Schäden anrichten können. Ihre Bekämpfung ist daher in vielen Fällen gerechtfertigt bzw. zum Schutz von Kulturpflanzen unbedingt erforderlich. Der Maulwurf dagegen wird zwar in unseren Gärten durch seine Erdhügel häufig lästig, ein Schädling aber ist er nicht. Außerdem zählt er – zumindest in Deutschland und in Österreich – zu den besonders geschützten wildlebenden Tieren und darf ohne behördliche Sondererlaubnis nicht gefangen oder getötet, sondern allenfalls vertrieben werden.
Nur wer sich ein wenig mit der Biologie und Lebensweise von Wühlmäusen und Maulwürfen auskennt, wird im »Ernstfall« die richtigen Entscheidungen treffen und gegebenenfalls notwendige Gegenmaßnahmen in angemessener und fachgerechter Weise einleiten können. Dies gilt insbesondere für die Wühlmäuse, die schon so manchen Gartenbesitzer, Erwerbsgärtner, Obstbauern und Landwirt zur Verzweiflung gebracht haben. Ausführlich werden hier die verschiedenen, heute in der Praxis angewandten Bekämpfungsmethoden vorgestellt.
Die nachfolgenden Ausführungen beziehen sich auf die derzeitige Situation in Deutschland. Bei der Durchführung chemischer Bekämpfungsverfahren müssen die aktuellen Präparate-Zulassungen bzw. Anwendungsverbote beachtet werden. Über die in der Schweiz und in Österreich zugelassenen Bekämpfungsmethoden und -mittel (Köderpräparate, Begasungsmittel) erteilen die im Anhang aufgeführten Beratungsstellen in Zürich bzw. in Wien Auskunft.

Auf der Suche nach Regenwürmern durchstreift der Maulwurf regelmäßig sein unterirdisches Gangsystem

Wühlmäuse und Maulwürfe

Wühlmäuse und Maulwürfe kommen weltweit in einer großen Zahl von Gattungen und Arten vor. In diesem Ratgeber wollen wir uns aber auf die bei uns heimischen Arten beschränken, und auch hier soll nur auf die wichtigsten näher eingegangen werden.

Wühlmäuse

Wenn Gärtner und Landwirte Wühlmausschäden zu beklagen haben, ist der Übeltäter in der Regel die **Große Wühlmaus.** Diese ausschließlich Pflanzennahrung aufnehmende Art, mit wissenschaftlichem Namen *Arvicola terrestris,* gehört zur Ordnung der Nagetiere (Rodentia) und hier zur Gattung der »Schermäuse« *(Arvicola).*

Eine Wühlmaus in ihrer Gangöffnung

Daher wird die Große Wühlmaus auch sehr häufig »Schermaus« genannt. Mitunter aber findet man auch Namen wie Ostschermaus, Erdmaus, Wassermaus oder Mollmaus. Ältere Bezeichnungen sind Hamaus, Fahmaus, Reutmaus und Hamstermaus sowie Erdwolf, Erdratte, Hamsterratte, Kleiner Hamster und Wasserratte.

Die bei uns heimische Große Wühlmaus tritt in zwei »Formen« auf, die sich zwar nicht im Aussehen, jedoch in ihrer an den jeweiligen Lebensraum angepaßten Lebensweise unterscheiden: Die sogenannte »Landform« (terrestrische Form) lebt an Land und hier vornehmlich in ausgedehnten unterirdischen Gängen. Die »Wasserform« (aquatische Form) kommt dagegen fast ausschließlich in Gewässernähe vor. Ferner unterscheidet man zwei Unterarten (Subspecies) von *Arvicola terrestris,* nämlich *Arvicola terrestris terrestris* und *Arvicola terrestris scherman.* Eine klare Abgrenzung der beiden Unterarten besteht jedoch nicht.

Zur Gattung »Schermäuse« gehört auch eine weitere Art mit dem lateinischen Namen *Arvicola sapidus.* Da diese, auch »Westschermaus« genannte Art aber nur auf der Iberischen Halbinsel und in Südfrankreich vorkommt, soll sie uns hier nicht weiter interessieren.

Zur Familie der Wühlmäuse (Microtidae) zählen aber auch noch die sogenannten »Kleinen« Wühlmäuse. Zwei bekannte Vertreter dieser Gruppe sollen in diesem Ratgeber ebenfalls behandelt werden, nämlich die **Feldmaus** *(Microtus arvalis)* und die **Erdmaus** *(Microtus agrestis).* Weitere Arten der Gattung *Microtus* sowie die ebenfalls zur Familie der Wühlmäuse zählende und bei uns vorkommende Rötel- oder Waldwühlmaus *(Clethrionomys glareolus)* seien dagegen hier nur erwähnt.

Zoologische Systematik:	
	Wühlmäuse
Klasse	Mammalia (Säugetiere)
Ordnung	Rodentia (Nagetiere)
Familie	Microtidae (Wühlmäuse)
Gattung	*Arvicola* (Schermäuse)
Art	***Arvicola terrestris* (Große Wühlmaus, Schermaus)**
Unterarten	*Arvicola terrestris terrestris*
	Arvicola terrestris scherman
Familie	Microtidae (Wühlmäuse)
Gattung	*Microtus*
Arten	***Microtus arvalis* (Feldmaus)**
	***Microtus agrestis* (Erdmaus)**
	Microtus nivalis (Schneemaus)
	Microtus epiroticus (Südfeldmaus)
	Microtus guentheri (Mittelmeer-Feldmaus)
	Microtus cabrerae (Cabreramaus)
	Microtus oeconomus (Nordische Wühlmaus)
	Microtus subterraneus (Gemeine Kurzohrmaus) (= *Pitymys subterraneus,* auch Kleinäugige Wühlmaus)

Maulwürfe

Die Familie der Maulwürfe (Talpidae) gehört – wie übrigens auch die Igel (Erinaceidae) und die Spitzmäuse (Soricidae) – innerhalb der zoologischen Systematik zur Ordnung der Insektenfesser (Insectivora). Alle insektenfressenden Säugetiere leben räuberisch, ernähren sich

Der Maulwurf hat eine spitze, rüsselförmige Schnauze

jedoch nicht nur von Insekten, sondern auch von Würmern, Schnecken und kleinen Wirbeltieren. So auch die Maulwürfe, die bei uns nur mit einer Art vertreten sind, dem sogenannten Europäischen Maulwurf *(Talpa europaea).*

Zoologische Systematik:	
	Maulwürfe
Klasse	Mammalia (Säugetiere)
Ordnung	Insectivora (Insektenfresser)
Familie	Talpidae (Maulwürfe)
Unterfamilie	Talpinae
Gattung	*Talpa*
Art	***Talpa europaea* (Europäischer Maulwurf)**
	Talpa romana (Römischer Maulwurf)
	Talpa caeca (Blindmaulwurf)
	Talpa mizura (Zwergmaulwurf)

Die übrigen, ebenfalls in Europa vorkommenden und sich von unserem Maulwurf äußerlich kaum unterscheidenden Maulwurfsarten sollen uns hier nicht weiter beschäftigen: Den Römischen Maulwurf *(Talpa romana)* findt man in Mittel- und Süditalien sowie auf Sizilien; der Blindmaulwurf *(Talpa caeca)* tritt in Oberitalien, in der Südschweiz, in Süd- und Westfrankreich, in Spanien sowie in Griechenland und im Gebiet des ehemaligen Jugoslawien auf; der Zwergmaulwurf *(Talpa mizura)* kommt nur im Gebirge Spaniens vor.

Wichtige Unterscheidungsmerkmale

Maulwurfshaufen kennt wohl jeder Gartenbesitzer. Hier scheint die Diagnose einfach. In der Praxis jedoch hat es sich immer wieder gezeigt, daß es mitunter recht schwierig sein kann, Gänge und Erdhaufen eindeutig Maulwürfen oder Wühlmäusen zuzuordnen. Und wie steht es um die Tiere selbst? Könnte man diese – auch wenn sie aufgrund ihrer versteckten Lebensweise nur selten zu beobachten sind – sicher identifizieren?
Spätestens für die Einleitung von Gegenmaßnahmen wäre es wichtig zu wissen, wer denn da im Gartenboden wühlt.
Dies gilt insbesondere für den Maulwurf, der zu den »Nützlingen« zählt, außerdem nach der Bundesartenschutzverordnung geschützt ist und nur mit besonderer Genehmigung bekämpft werden darf.
An welchen Merkmalen lassen sich also Wühlmäuse, und hier vor allem die Große Wühlmaus, von Maulwürfen unterscheiden? Grundsätzlich wird man hier mehr oder weniger auf die Deutung oberirdisch sichtbarer Spuren angewiesen sein. Trotzdem ist es in jedem Fall hilfreich, auch ein wenig über das Aussehen der Tiere, ihre Lebensweise und andere typische Eigenschaften und Erkennungsmerkmale informiert zu sein.

Ernährung und Schädigung

Ein ganz wesentlicher Unterschied besteht im Nahrungsspektrum: Wühlmäuse sind ausgesprochene Pflanzenfresser. Besonders gefährdet durch die Große Wühlmaus sind Wurzel- und Knollengemüse, Blumenzwiebeln, Wurzeln junger Obst- und Ziergehölze, aber auch Rasenflächen. Letztere werden auch gern von Maulwürfen besiedelt, doch ein Schaden durch Fraß kann dann nicht entstehen. Denn Maulwürfe nehmen nur tierische Nahrung auf. Dazu gehören Insekten und deren Larven, aber auch Würmer, Schnekken und anderes Kleingetier. Pflanzen jedoch werden weder unter- noch oberirdisch an- oder abgefressen. Es kann lediglich vorkommen, daß durch die Wühltätigkeit dicht unter der Erdoberfläche Pflanzenwurzeln abgerissen werden.
Wenn also Pflanzen im Garten, insbesondere im Frühjahr, plötzlich welken, nur kümmerlich austreiben oder gar umfallen, könnte dies schon ein Hinweis auf einen Befall durch die Große Wühlmaus sein. Zieht man vorsichtig an diesen Pflanzen, lassen sie sich meist vom Beet abnehmen, weil eine Wühlmaus die Wurzel abgefressen hat. Um aber andere Schadursachen eindeutig auszuschließen, sollte man in unmittelbarer Nähe dieser Pflanzen nach Wühlmausgängen Ausschau halten.

Gänge und Erdhaufen

Wühlmausausgänge sind an leicht angehobenen, welligen Linien an der Erdoberfläche zu erkennen. An verdächtigen Stellen

empfiehlt es sich, mit einem spitzen Stock in den Boden zu stechen. Sinkt der Stab ruckartig ein, so deutet dies auf das Vorhandensein von Gängen hin. Verfolgt man nun die Wühlmausgänge, stößt man in der Regel auf kleine, abgeflachte und meist länglich geformte sowie mit Gras- und Wurzelresten durchsetzte Erdhaufen.
Im Gegensatz zu den unauffälligen, unregelmäßig verteilten und geformten, im Frühstadium oft nur faustgroßen Erdhaufen der Wühlmaus sind die Maulwurfshügel nicht nur sehr viel höher und halbkugelig geformt. Sie liegen auch häufig kettenartig in einer Reihe und bestehen nur aus Erde, enthalten also keine Wurzel- und Pflanzenreste. Außerdem sind sie zu jeder Jahreszeit anzutreffen. Die Erdhaufen der Großen Wühlmaus dagegen entdeckt man meist erst zum Herbst hin, sonst sind sie recht unscheinbar.
Im Zweifelsfall sollte man für eine sichere Unterscheidung einige Gangöffnungen durch Abtragen der Erdhügel freilegen: Beim Maulwurf liegen sie direkt **unter** der Mitte der Haufen, d. h., vom Hügel aus verläuft die Verbindung zum unteren Hauptgang senkrecht. Die Gangöffnungen sind rund bis quer- bzw. breitoval geformt, also etwa wie ein liegendes Frühstücksei. Die Gänge selbst können hineinragende Wurzeln aufweisen, jedoch keinerlei Reste von Pflanzen.
Bei der Wühl- oder Schermaus dagegen findet man die Gänge **neben** den Erdhaufen, d. h., vom Hügel aus verläuft die Verbindung immer schräg nach unten. Hier sind die Gangöffnungen hochoval geformt (wie ein aufrecht stehendes Ei). Auch sind sie größer als die der Maulwürfe: Während man in den Wühlmausgang ohne Mühe 3 bis 4 Finger hineinschieben kann, gelingt dies bei dem mehr rundlichen Maulwurfsgang nur mit 2 oder höchstens 3 Fingern.

Wichtige Unterscheidungsmerkmale

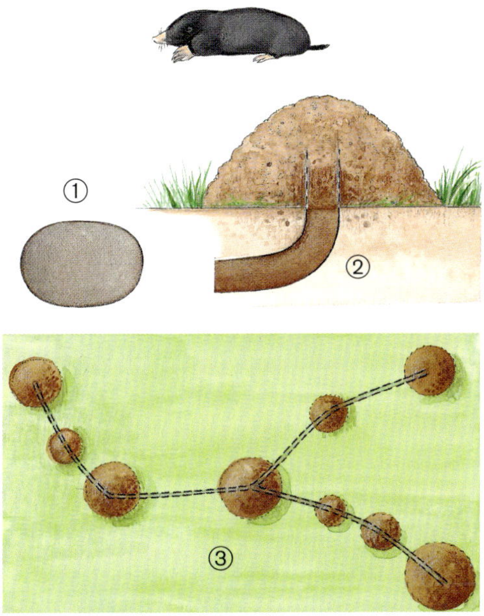

Charakteristika des Maulwurfs: ① Form des Ganges, ② Lage des Erdhaufens, ③ Gangnetz

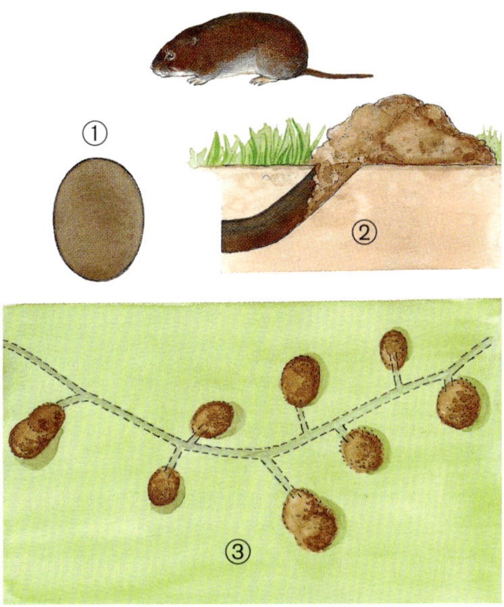

Charakteristika der Großen Wühlmaus: ① Form des Ganges, ② Lage des Erdhaufens, ③ Gangnetz

An den Gangwandungen der Wühlmaus erkennt man außerdem fein säuberlich abgefressene Wurzeln. Der Gang selbst ist aber frei von Wurzeln oder Wurzelresten, kann jedoch Reste grüner Pflanzenteile enthalten. Die Decke eines Wühlmausganges ist fest, d. h., sie setzt dem Durchstoßen mit dem Finger einen gewissen Widerstand entgegen. Die Decke des Maulwurfsganges ist dagegen weich und locker und kann mühelos mit dem Finger durchstoßen werden. Geöffnete Gänge werden von der Wühlmaus innerhalb kurzer Zeit ca. 10 bis 20 cm tief »verwühlt«, also wieder zugestopft. Der Maulwurf dagegen schiebt lediglich etwas lose Erde in die Öffnung.

Befall durch »Kleine« Wühlmäuse
Um auch Verwechslungen mit den »Kleinen« Wühlmäusen auszuschließen, hier ein paar wichtige Erkennungsmerkmale.

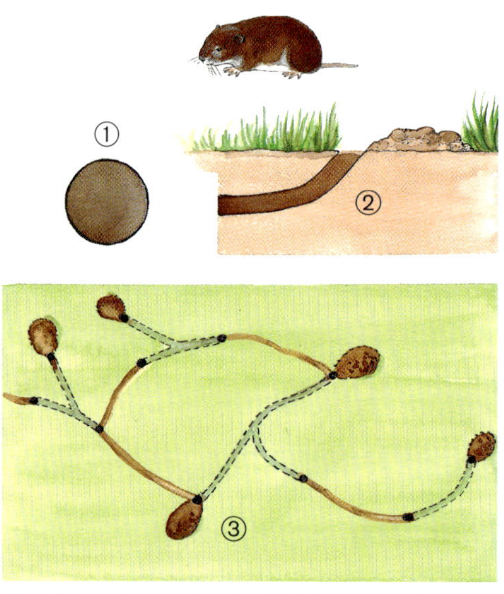

Charakteristika der Feldmaus: ① Form des Ganges, ② Lage des Erdhaufens, ③ Gangnetz mit oberirdischen Wechseln

Feldmausgänge haben schräg nach oben führende Löcher, die oberirdisch durch deutlich sichtbare Laufgänge (Wechsel) verbunden sind

Feld- und Erdmauskolonien erkennt man an mehreren Mauslöchern, die über oberirdische Laufspuren (Wechsel) miteinander verbunden sind. Bei stärkerem Befall kann der Boden regelrecht durchlöchert aussehen. Die Gänge gehen direkt von der Erdoberfläche aus nach unten und zeigen einen runden Querschnitt (Durchmesser ca. 3 bis 4 cm).
An Stellen, die durch die Vegetation geschützt sind, weisen zerkleinerte Halme und Blätter sowie Kot auf die Anwesenheit dieser Nager hin. Die Erde, die aus den unterirdischen Gängen ausgestoßen wird, ist rund um die Löcher verstreut. Erdhaufen, wie wir sie von der Großen Wühlmaus oder vom Maulwurf kennen, werden hier nicht aufgeworfen.
Schäden durch Feld- und Erdmäuse findet man vornehmlich an Obstbäumen, Erdmäuse gehen auch an andere Laub- sowie Nadelgehölze. Typisch für beide Arten ist die in Bodennähe meist ringförmig an- bzw. abgenagte Rinde an Stämmchen und Zweigen; die Erdmaus schädigt teilweise auch die Hauptwurzel.

Unterschiede im Aussehen

Da es vorkommen kann, daß Große Wühlmaus, Maulwurf und Feldmaus das Gangsystem der jeweils anderen Art mitbenutzen, sollte man auch die Tiere selbst unterscheiden können.
Ein typisches Erkennungsmerkmal der schwarzen, rotbraunen oder braungrauen Großen Wühlmaus ist ihr relativ langer Schwanz, der etwa halb so lang ist wie ihr plumper, walzenförmiger Körper.
Den Maulwurf kennzeichnen die mit langen, flachen Krallen ausgestatteten Vorderbeine (»Grabschaufeln«) sowie die spitze, rüsselförmige Schnauze. Die kleinen Äuglein sind unter einem samtartigen Pelz verborgen, Ohrmuscheln fehlen.
Die Feldmaus ist mit 10 bis 12 cm Körperlänge nicht nur kleiner als die Große Wühlmaus und der Maulwurf, sie ist auch an ihrem Stummelschwänzchen, einem meist gelbgrau gefärbten Fell sowie dunklen »Knopfaugen« zu erkennen. Außerdem sind ihre Ohren nicht ganz so tief im Fell verborgen wie die der Wühlmaus.

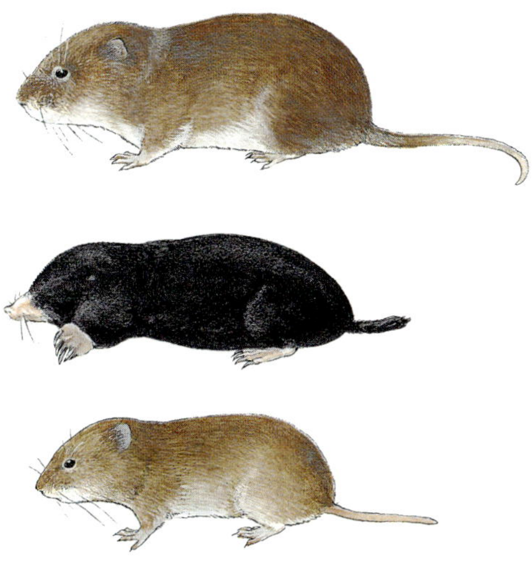

Größenvergleich: Wühlmaus (oben), Maulwurf (Mitte) und Feldmaus (unten)

Winterliche Spuren

Auch im Winter sind Wühlmäuse und Maulwürfe anhand ihrer Aktivitätszeichen recht gut voneinander zu unterscheiden: Wühlmäuse legen unter dem Schnee auch oberirdische Gangsysteme an. Erd- und Feldmäuse kleiden diese im Durchmesser bis zu 4 cm breiten Tunnel mit Pflanzenmaterial aus, so daß diese nach der Schneeschmelze als sogenannte »Moos- und Grastunnel« an der Erdoberfläche zurückbleiben.
Die Große Wühlmaus stopft ihre unter dem Schnee angelegten, meist geradlinig verlaufenden, oft mehrere Meter langen und im Durchmesser bis zu 8 cm breiten Tunnel zusätzlich mit Erde aus. Deshalb nennt man die Gebilde, die nach dem Abtauen des Schnees zu finden sind, auch »Erdrollen«.
Und auch der Maulwurf hinterläßt winterliche Spuren. Seine Schneegänge haben einen Durchmesser von ca. 5 bis 6 cm und sind ebenfalls mit Erde gefüllt, unterscheiden sich jedoch von denen der Großen Wühlmaus dadurch, daß sie sich mehrfach gabelartig verzweigen, eine feinkörnige statt grobschollige Struktur haben und keine Pflanzenreste aufweisen.

Wichtige Unterscheidungsmerkmale zwischen Wühl- bzw. Schermäusen und Maulwürfen		
	Große Wühl- oder Schermaus *Arvicola terrestris*	**Maulwurf** *Talpa europaea*
Aussehen	– Körperlänge 12–22 cm	– Körperlänge 11–17 cm
	– Schwanzlänge 6–7,5 cm	– Schwanzlänge 2–3 cm
	– schwarzes, rotbraunes oder braungraues Feld	– grauschwarzes, schiefergraues bis graubraunes, samtartiges Fell
	– kurze, stumpfe Schnauze	– spitze, rüsselförmige Schnauze
	– große Nagezähne, keine Eckzähne	– kleine, scharfe Schneidezähne; lange, spitze Eckzähne
	– Ohrmuscheln ragen kaum aus dem Pelz	– keine Ohrmuscheln, nur Gehöröffnungen
		– Vorderbeine mit Grabschaufeln
Gänge	– Gänge hochoval (4–6 cm breit und 6–9 cm hoch); man kann mit 3–4 Fingern hineinfassen	– Gänge quer- bzw. breitoval bis rund (5–6 cm breit und 4–5 cm hoch); man kann nur mit 2 Fingern hineinfassen
	– Gänge durchschnittlich 25 m lang	– Gänge können mehr als 100 m lang sein
	– Gänge ohne Pflanzenwurzeln	– Gänge mit Wurzeln durchsetzt
	– meist nur wenige Seitengänge (aber Rundläufe im Bau)	– zahlreiche, verzweigte Seitengänge; viele davon enden »blind«
	– abgebissene Pflanzen in der Umgebung der Gangöffnung	– keine abgebissenen Pflanzen in der Nähe der Gangöffnung
	– geöffnete Gänge werden meist innerhalb weniger Minuten (spätestens nach 6 Stunden) wieder verschlossen (verwühlt, verstopft)	– geöffnete Gänge werden selten bzw. erst nach mehreren Tagen und dann nur mit loser Erde wieder verschlossen; meist in der Nähe ein neuer Gang
Erdhaufen	– unauffällig, länglich, flach bzw. fladenförmig und unregelmäßig angeordnet; mit Wurzeln durchsetzt; grobschollige Struktur	– auffällig groß, rundlich und oft regelmäßig angeordnet; ohne Pflanzen- und Wurzelreste; feinkrümelige Struktur
	– Haufen werden seitlich vom Gang angelegt, nie direkt darüber	– Haufen befinden sich direkt über dem Gang und sind gleichförmig aus der Mitte herausgeworfen
Erdrollen bei Schnee	– Verlauf geradlinig, Länge oft mehrere Meter	– vielgestaltige Form, gabelartig verzweigt
	– mit Pflanzenteilen durchsetzt	– ohne Pflanzenreste
Ernährung	– Pflanzenfresser; benagt insbesondere Wurzeln von Gehölzen, Gemüse- und Zierpflanzen	– Insektenfresser; vertilgt insbesondere Würmer, Insekten (Larven, Puppen), aber auch Schnecken
Vermehrung	– pro Weibchen jährlich 3–5 Würfe mit jeweils etwa 5 Jungen	– pro Weibchen jährlich 1–2 Würfe mit jeweils meist 3–5 Jungen

Die Große Wühlmaus (Schermaus)

Die Große Wühlmaus *(Arvicola terrestris)* lebt überwiegend unterirdisch und benötigt für die Anlage von Gangsystemen ausreichend bewachsene, feuchte Böden. Sie kommt in der Nähe von Gewässern, an Gräben und Bächen, an Uferböschungen von Flüssen, Teichen, Seen, Tümpeln und im Moor vor (»Wasserform«), doch findet man sie auch häufig auf wenig bearbeiteten Feldern und Wiesen, in lichten Laub- und Mischwäldern und in Parks sowie in Gärten und Obstanlagen (»Landform«). Die Art ist von Westeuropa bis Mittelsibirien, von den Niederungen bis hoch ins Gebirge verbreitet. In Europa fehlt sie nur auf der Iberischen Halbinsel und im südlichen Frankreich.

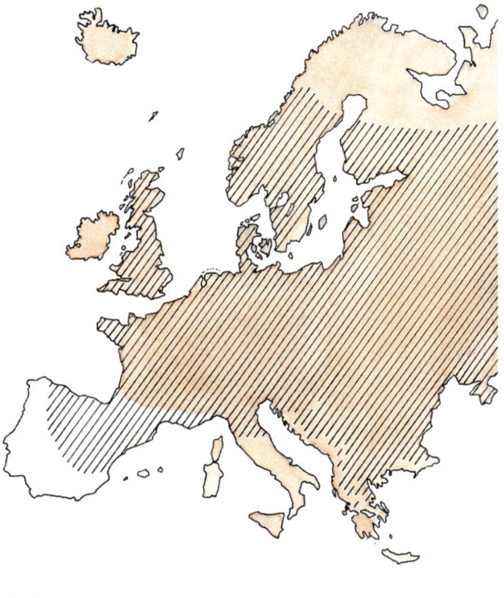

Verbreitung von Wühlmaus und Maulwurf in Europa

Schäden in Gartenbau und Landwirtschaft

Aufgrund ihrer unterirdischen Wühltätigkeit und des zerstörenden Wurzelfraßes, welche meist das Absterben der betroffenen Pflanzen zur Folge haben, gilt die Große Wühlmaus sowohl im Obst-, Wein- und Gartenbau als auch im Forst als bedeutender Schädling.
Im Haus- und Kleingarten, in Gärtnereien und in Parkanlagen sind Blumenzwiebeln, Wurzel- und Knollengemüse sowie Wurzeln junger Obst- und Ziergehölze besonders gefährdet. Dazu kommen Schäden durch das Unterwühlen von Rasenflächen, Beeten und Terrassen.
In der Landwirtschaft kann die Anlage der Gangsysteme und das Aufwerfen von Erdhaufen die Nutzung und Pflege von Wiesen und Weiden erheblich erschweren. In hängigem Gelände oder auch an Deichen kann die Zerstörung der Grasnarbe zu vermehrten Erosionsschäden führen. Durch die Wühltätigkeit der an Gewässerrändern lebenden Wühlmäuse werden die Uferböschungen von Gräben oft so stark unterhöhlt, daß sie schließlich abrutschen.

Übervermehrungen

Die Große Wühlmaus tritt häufig in extrem hoher Bestandsdichte auf (Anzahl der Tiere pro Flächeneinheit). Durch das Zusammenspiel ihrer hohen Vermehrungsfähigkeit mit optimalen Nahrungs- und Witterungsbedingungen können regelmäßig, meist im Abstand von 5 bis 8 Jah-

Befall der Großen Wühlmaus (Schermaus) auf flachgründiger Wiese

ren, Massenvermehrungen auftreten. Ein Besatz von 1.000 Tieren auf einer Fläche von einem Hektar ist dann durchaus keine Seltenheit.
Bekannt sind solche zyklischen Übervermehrungen in Süddeutschland und in Frankreich (Juragebiet). In Baden-Württemberg ist beispielsweise jedes 6. oder 7. Jahr ein »Schermausjahr«.

Massenvermehrungen können besonders auf Grünland verheerende Folgen haben. Durch Fraß und Verwühlungen kann die Grasnarbe völlig vernichtet werden. Für die betroffenen Landwirte bedeutet dies nicht nur den Verlust des Aufwuchses, sondern es entstehen auch erhebliche Folgekosten, da stark geschädigte Flächen völlig neu eingesät werden müssen, um einer totalen Verunkrautung vorzubeugen. Fachleute befürchten, daß die Übervermehrungen der Großen Wühlmaus vielerorts erneut aufleben könnten, wenn der Trend in Zukunft wieder zu einer extensiveren Landbewirtschaftung führen sollte. Da die Ursachen für Übervermehrungen aber nicht bekannt sind, können »Schermausjahre« nicht genau vorhergesagt werden.

Biologie und Ökologie

Die Große Wühlmaus ist zwischen 12 und 22 cm lang, wobei die in Norddeutschland lebenden Tiere etwas größer sein sollen

Die Große Wühlmaus gilt sowohl im Obst-, Wein- und Gartenbau als auch im Forst als bedeutender Schädling

als die in Süddeutschland auftretenden. Ihr Körper ist ziemlich plump und gedrungen gebaut und hat ein Gewicht von 60 bis 180 g.
Das Fell kann sehr unterschiedlich gefärbt sein. Oberseitig ist es meist dunkelbraun, schwarzgrau, grau oder graubraun. Aber auch hell sandfarbene, rostbraune oder tiefschwarze Tiere wurden schon gefunden. An den Seiten und an der Bauchseite ist das Fell oft etwas heller (gelblichgrau), zuweilen findet man auch weiße Flecken.
Der Kopf ist relativ groß und breit, die Schnauze stumpf. Die Ohren sind klein und von dichtem Pelz verdeckt. Der kurzbehaarte, schwach geringelte Schwanz hat etwa die halbe Länge des Körpers.
»Wasserform« und »Landform« der Großen Wühlmaus unterscheiden sich nur durch ihre Lebensweise, Aussehen und Merkmale sind identisch.

Verhalten und Lebensweise

Die Große Wühlmaus kann ausgezeichnet schwimmen und tauchen. Die in Gewässernähe lebenden Tiere (»aquatische Form«), die z. B. in den Entwässerungsgräben des norddeutschen Marschlandes (Obstbaugebiet Altes Land, Niederelbe) sehr verbreitet sind, graben in Uferböschungen ein flaches Gangsystem mit einer Nestkammer. Die Gänge sind hier nur schwer auffindbar, da sie meist von den dichtbewachsenen Grabenböschungen ausgehen. Die Tiere selbst zeigen sich aber recht häufig, wenn sie in den Gräben umherschwimmen.
Die an Land lebende »terrestrische« Form findet man auf Grünland, in Garten-, Park- und Obstanlagen oder in lichten, unterwuchsreichen Wäldern. Hier leben die Tiere vorwiegend unterirdisch in selbstgegrabenen, oft sehr weitläufigen Gangsystemen. Bevorzugt werden leichte bis mittelschwere Böden besiedelt, insbesondere Lößböden.
Mit Ausnahme der Paarungszeit handelt es sich bei den Wühlmäusen um Einzelgänger. Die Baue werden in der Regel nur von einem Tier bewohnt. Junge Wühlmäuse müssen sich deshalb einen neuen Bau anlegen.
Wühlmäuse sind Tag und Nacht aktiv. Dabei hat man einen Rhythmus von 2 bis 3 Stunden Aktivität (Nahrungssuche usw.) und 3 bis 4 Stunden Ruhezeit festgestellt. Auch im Winter gehen Wühlmäuse auf Nahrungssuche, ein Winterschlaf wird nicht gehalten.

Grab- und Wühltätigkeit

In unseren Gärten erscheinen Wühlmäuse erst dann, wenn sich der bearbeitete Boden gesetzt hat und ausreichend dicke Pflanzenwurzeln herangewachsen sind. Für ihre Wühl- und Grabtätigkeit darf der Boden nicht zu locker oder zu hart und trocken sein. Frisch umgegrabenes oder gepflügtes Land wird deshalb von den Wühlmäusen – im Gegensatz zum Maulwurf – nicht besiedelt.

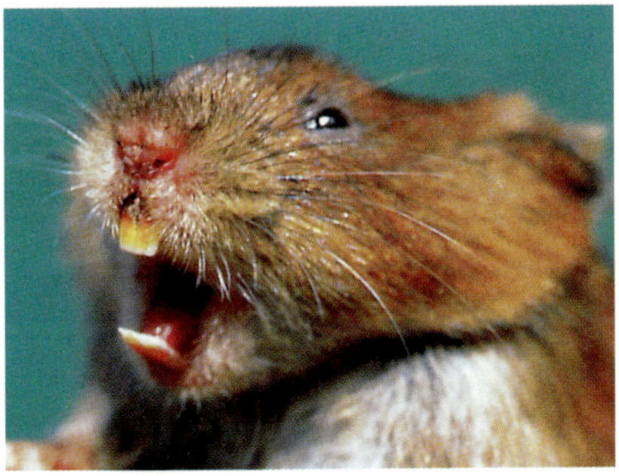

Mit ihren großen Nagezähnen hinterläßt die Wühlmaus die typischen paarigen Nagespuren

Zum Aushöhlen ihrer unterirdischen Gänge benutzen die Wühlmäuse die Schneidezähne und die Vorderbeine. Die Art des Grabens nennt man »Scharrgraben«. Die Erde wird zunächst mit schnellen Bewegungen der Vorderbeine losgescharrt und dann ruckartig unter dem Bauch hindurch nach hinten geworfen. Durch Zurücklaufen treten die Tiere die gelöste Erde dann fest, teilweise schieben sie sie auch in die Zwischenräume des Bodens und in unbewohnte Gänge. Nur wenig Erde wird durch seitliche Gänge an die Erdoberfläche gestoßen. Hierin unterscheidet sich die Wühlmaus also vom Maulwurf, der sämtliche beim Gangbau anfallende Erde direkt an die Oberfläche befördert.
Auf Veränderungen in ihrem Gangsystem reagieren die Wühlmäuse mit sofortigen Reparaturarbeiten. Geöffnete Gänge werden von der Wühlmaus – oftmals schon nach wenigen Minuten – direkt an der Öffnungsstelle mit einem Erdpfropfen wieder verschlossen. Man spricht hier von »Verwühlen«. Mitunter graben die Tiere daneben einen neuen Gang. Auch bei wiederholtem Öffnen werden die Gänge immer wieder von den Wühlmäusen verschlossen.

Eine Große Wühlmaus beim Verschließen (Verwühlen) ihres geöffneten Ganges

Baue, Gänge und Nester

Die Baue der Großen Wühlmaus bestehen aus unterirdischen Gängen mit Nestern und Vorratskammern, Gangöffnungen zur Erdoberfläche sowie oberirdischen Laufgängen (Wechseln) und Fraßplätzen. Sie werden meist an nicht oder kaum bearbeiteten Stellen angelegt, d. h., man findet sie vornehmlich auf Wiesen, an Wegrändern oder unter Bäumen und Sträuchern.

Gangsysteme Während die Nester und Vorratskammern meist in größeren Tiefen angelegt werden, liegt das Gangsystem der Großen Wühlmaus in einer Tiefe von 5 bis 30 cm. Es kann insgesamt bis zu 80 m lang sein, die durchschnittliche Ausdehnung beträgt jedoch etwa 25 m. Häufig befinden sich die Gänge so dicht unter der Erdoberfläche, daß ihr Verlauf gut zu erkennen ist: an der leicht angehobenen Erde, der etwas aufgebrochenen Erdkruste bzw. an wellig aufgeworfenen »Linien« auf der Erdoberfläche. Nur in der Nähe von Obstgehölzen gehen die Gänge teilweise bis in einen Meter Tiefe.
Die Form der Wühlmausgänge ist hochoval, mit einer Breite von etwa 5 cm und einer Höhe von 5,5 bis 9 cm. Sie sind fest, glatt und frei von Pflanzenwurzeln oder anderen Pflanzenteilen. Ständig werden die Baue umgebaut: Die Tiere erweitern sie und stopfen alte Gänge mit Erde zu. So kommt es vor, daß ganze Bereiche eines Baues bereits aufgegeben sein können, obwohl die oberirdischen Kennzeichen die Anwesenheit von Wühlmäusen vermuten lassen.

Wühlmausgänge im Garten sind oft schwer zu erkennen. Wer jedoch genau hinschaut, erkennt deutliche Risse in der Erdkruste

Insbesondere in Gärten und Obstanlagen kann es vorkommen, daß Wühlmäuse die Gänge von Maulwürfen benutzen oder vorhandene Gänge von beiden gemeinsam bewohnt werden.

Gangöffnungen Öffnungen zur Erdoberfläche, die als Ein- und Ausgang, aber auch zur Belüftung des Baues dienen, werden meist mit Erde oder Pflanzenteilen verschlossen. Nur die in Gewässernähe bzw. in den Uferböschungen lebende »Wasserform« der Großen Wühlmaus hält ihre Zugänge ständig offen. Ansonsten deuten über längere Zeit offengehaltene Zugänge auf das Vorhandensein von Jungmäusen hin, oder der Boden ist infolge anhaltender Trockenheit zu hart geworden. In der Nähe der Gangöffnungen kann man zuweilen oberirdische Fraßplätze finden, erkennbar an abgenagten Pflanzen.

Nester Zu jedem Wühlmausbau gehört in der Regel ein kugelförmig gebautes, aus trockenen Grashalmen zusammengefügtes Nest (»Kugelnest«). Die Nesthöhle, auch

Nest einer Wühlmaus am geöffneten Gang

»Nestkessel« genannt, liegt meist 20 bis 40 cm tief unter der Erdoberfläche, hat einen Durchmesser von ca. 15 bis 25 cm und wird gern im Wurzelbereich unter Bäumen und Büschen angelegt. In der Nähe des Nestes wird im Herbst ein Vorratslager eingerichtet. Die in Gewässernähe lebenden Wühlmäuse bauen manchmal auch aus Sumpf- oder Wasserpflanzen oberirdische Kugelnester.

Erdhaufen Die flachen, langgestreckten und unregelmäßig angeordneten Erdhaufen der Großen Wühlmaus sind nicht besonders auffällig und auch nicht häufig (nur 3 bis 5 Haufen pro Bau). In Gärten und auf lockeren Ackerböden drückt die Wühlmaus die Erde oft nur in die lockere obere Bodenschicht, ohne daß oberirdisch

Diese Wühlmaus hat einen ihrer Laufgänge zur Vorratskammer umfunktioniert (oben im Bild)

etwas davon zu sehen ist. Erdauswürfe findet man vor allem im Herbst, wenn die Wühlmaus Vorräte sammelt und ihren Winterbau in tieferen Bodenschichten anlegt. Da die Erde nicht direkt bzw. nicht senkrecht aus einem Laufgang an die Oberfläche befördert wird, sondern über einen schräg angelegten und kurz darauf wieder mit Erde verstopften Seitengang, befinden sich die Erdhaufen in der Regel ca. 10 bis 30 cm **neben** einem benutzten Gang. Die aufgeworfene Erde ist grobschollig und enthält oft abgebissene Pflanzenteile (Gräser, Wurzelreste).

Fortpflanzung und Entwicklung

Die Große Wühlmaus hat eine hohe Vermehrungsrate: Drei- bis fünfmal jährlich – von März bis Oktober – setzt ein Weibchen jeweils 3 bis 6 Junge ab (mitunter sogar bis zu 10 Junge), die 2 Wochen lang gesäugt werden. Von der Begattung der Weibchen bis zur Geburt der Nachkommen vergehen nur ca. 20 bis 22 Tage (Tragzeit). Die Jungen verlassen nach etwa 3 Wochen das Nest und werden im Alter von ca. 2 Monaten geschlechtsreif. Die Jungtiere des ersten Wurfes können sich also noch im Geburtssommer selbst wieder fortpflanzen. So könnte ein einzelnes Weibchen pro Jahr theoretisch an die 40 Nachkommen haben.

Die Lebenszeit ist mit durchschnittlich 2 Jahren relativ kurz. Die Jungtiere verweilen nicht im elterlichen Gangsystem, sondern beginnen sofort damit, eigene Gänge anzulegen. Dies erklärt auch die schnelle Ausbreitung dieser Schädlinge. Lange und strenge Winter sowie kalte und feuchte Herbst- und Frühjahrsperioden verhindern die rasante Entwicklung der Wühlmäuse. Schneereiche Winter dagegen begünstigen sie, da sie unter der Schneedecke ungestört Gänge anlegen und Nahrung aufnehmen können.

Ernährung und Schädigung

Wühlmäuse sind in der Regel reine Pflanzenfresser, nur sehr selten verzehren sie auch einmal kleine Insekten oder Würmer. Ihre Nahrung besteht aus unter- und oberirdischen Pflanzenteilen. Neben Gräsern und krautigen Pflanzen werden bevorzugt frische, saftige Wurzeln von Obstbäumen, Gehölzen, Nadelbäumen und Zierpflanzen gefressen. Die Große Wühlmaus ist deshalb in unseren Obstanlagen der wichtigste Wurzelschädling. In Junganlagen und auch in Baumschulen kann sie enormen Schaden anrichten.

Ausgewachsene Wühlmäuse benötigen täglich etwa 60 bis 100 g frische, saftige Pflanzennahrung (entspricht etwa 80% des Körpergewichtes). Darüber hinaus werden jedoch noch Vorräte angelegt. Während der wärmeren Jahreszeit stehen vornehmlich Gräser und anderes frisches, saftiges, oberirdisch wachsendes Grün auf dem Speiseplan, was allerdings in der Regel keinen großen Schaden verursacht. Zu den bevorzugten Futterpflanzen gehören hier Lupinen, Kleearten, Löwenzahn, Quecken, Hahnenfuß, Bärenklau, Schafgarbe, Wegerich, Ampfer, Wiesenkerbel, Krokus sowie Schilf, Seggen, Strandhafer und Binsen.

Auch Fallobst wird nicht verschmäht.

Die am Wasser lebende Form der Großen Wühlmaus ernährt sich während des Sommerhalbjahres von Wasserpflanzen sowie von der Vegetation der Uferböschungen.

Fraß an Baumwurzeln

Sehr schädlich ist das Nagen und Fressen an den Wurzeln von Obstbäumen sowie Laub- und Nadelgehölzen. Vor allem

Wühlmausfraß an Kartoffeln

geschieht dies im Winter, wenn kaum andere Nahrungsquellen zur Verfügung stehen. Die Wurzeln werden meist so lange benagt, bis die Bäume eingehen. Oft sind die Schäden erst im Frühjahr feststellbar, wenn die Bäume zwar noch blühen, dann aber plötzlich nicht mehr durchtreiben. Stark befressene Bäume, die sich dann mühelos aus dem Boden ziehen lassen, zeigen an Wurzeln und Stamm die charakteristischen paarigen Nagespuren. Besonders gefährdet sind junge Bäume, die erst im vorangegangenen Herbst gepflanzt worden sind. Bei starkem Fraß kann die Hauptwurzel der Jungbäume wie angespitzt aussehen. Im Obstbau können bei Neuanpflanzungen bis zu 50% der Bäume durch das An- und Abfressen der Wurzeln vernichtet werden. Einige Apfelsorten – insbesondere offenbar diejenigen mit schwächeren Unterlagen – sind besonders anfällig. Eine starke Unterlage erlaubt es dem Baum meist, noch einige Zeit zu überleben, bei stark beschädigtem Wurzelwerk vertrocknet er aber spätestens im nachfolgenden Frühjahr. Durch die gestörte Wasserversorgung sind die

Wühlmausschäden an Apfelbäumen: Oft ist das Kernholz sogar durchgenagt, und vom Wurzelwerk des Baumes bleibt nur noch eine Spitze übrig

Wühlmausschaden an Möhren

Bäume zudem anfälliger für den Befall durch verschiedene Schädlinge (z. B. Borkenkäfer) und Krankheiten.
Unter einer hohen Schneedecke können Wühlmäuse auch oberirdische Schäden an der Stammbasis verursachen. Da der Fraß an Gehölzen nicht nur der Nahrungsaufnahme dient, sondern auch dem Schärfen der ständig weiterwachsenden Nagezähne, bleiben oftmals auch ältere Bäume nicht verschont.

Fraß an Wurzeln, Knollen und Zwiebeln
Wühlmäuse beschränken sich bei weitem nicht auf Baumwurzeln, auch die Wurzeln von Rosen, Stauden und Ziersträuchern wie z. B. Holunder werden gern angenagt. Neben saftigen Wurzeln, Rhizomen und Wurzelstöcken dieser und weiterer Pflanzen befressen Wühlmäuse mit Vorliebe Blumenzwiebeln (hier vor allem Tulpenzwiebeln), Knollen und Rüben.
Zu den Futterpflanzen im Garten zählen: Möhren, Sellerie, Schwarzwurzeln, Porree, Petersilie, Kohlgemüse, Kartoffeln, Hopfen, Wein, Getreide, Mais, Sonnenblumen, Salat, Zichorie, Erdbeerpflanzen und Nelken.
Mitunter kann man beobachten, daß die Stengel und Blätter mancher Pflanzen ganz oder teilweise in den Boden hineingezogen werden, nachdem die Wurzeln völlig abgenagt sind. Besonders begehrt

sind offenbar die Knollen von Topinambur, den man aufgrund seiner Attraktivität für Wühlmäuse auch als »Lockpflanze« nutzen kann.

Zerstörung der Grasnarbe

Landwirte wissen, daß Wühlmäuse neben den beschriebenen Nage- und Fraßschäden allein durch ihre Wühltätigkeit große Schäden verursachen können. Auf Grünland kann bei starkem Befall die gesamte Grasnarbe zerstört werden. Die entstehenden kahlen Stellen verunkrauten und mindern die Nutzungsfähigkeit sowie den Ertrag von Wiesen und Weiden. Außerdem kann durch die Erdhaufen das Futter verschmutzt und dadurch unbrauchbar werden.

Abwehr und Bekämpfung

Die Große Wühlmaus gilt als das am schwersten zu bekämpfende einheimische Nagetier. So erklärt sich auch die breite Palette empfohlener und erprobter Abwehrmaßnahmen, die vom Anpflanzen unangenehm riechender Gewächse bis hin zum Einsatz von Giftködern und Giftgasen reicht.
Doch je umfangreicher die verschiedenen Möglichkeiten ihrer Abwehr werden, desto weniger scheint sich die Wühlmaus davon beeinflussen zu lassen. Sie erkennt und umgeht die Fallen und frißt Giftköderpräparate nicht, solange genügend andere Nahrung zur Verfügung steht. Bei Begasung schottet sie die Gänge ab, außerdem erschweren ihre Gangsysteme die Ausbreitung von Gasen. Selbst bei hinreichend wirksamen Bekämpfungsmaßnahmen bleiben meist kleine Freiräume erhalten, die dann schnell wieder von reviersuchenden Tieren besiedelt werden.
Was also ist zu tun, wenn Wühlmäuse zum Problem werden? Welche Gegenmaßnahme ist die richtige, wann wird sie angewandt, und worauf ist bei ihrer Durchführung zu achten?

Grundsätzliches

Meist werden Wühlmäuse bzw. deren Spuren zu spät entdeckt, nämlich erst dann, wenn bereits Kulturpflanzen geschädigt sind. Ist bereits eine Massenvermehrung im Gange, muß man abwarten, bis diese auf natürliche Weise beendet ist. Für Bekämpfungsmaßnahmen, ob »sanft« oder »hart«, ist es dann in der Regel schon zu spät. Für welche Abwehrmethode man sich auch entscheidet, sie sollte nur dann angewandt werden, wenn der Wühlmausbefall gering ist.
Eine einzelne Maßnahme allein wird oftmals nicht ausreichen, die kombinierte Anwendung verschiedener Verfahren ist in der Regel erfolgversprechender. Vorbeugende Kulturmaßnahmen und die Förderung der natürlichen Feinde sollten ergänzt werden durch eine direkte Bekämpfung (z. B. mit Fallen).
Ratsam ist es ferner, Abwehr- und Bekämpfungsmaßnahmen möglichst großflächig durchzuführen, um eine schnelle Zuwanderung von außen zu verhindern. Gartenbesitzer sollten sich also mit ihren Nachbarn absprechen und dann gemeinsam und gleichzeitig gegen die Schädlinge aktiv werden.
Da die Wirksamkeit einzelner Methoden nicht nur von deren korrekter Anwendung abhängt, sondern auch durch die jeweiligen örtlichen Gegebenheiten wie Witterung, Bodenbeschaffenheit, Vegetation und viele weitere Faktoren beeinflußt werden kann, ist eine abschließende Beurteilung nicht in jedem Falle möglich. Ob

Geheimrezept oder bewährtes Standardverfahren – etwas Übung und einige Erfahrung braucht es meist schon, bis sich der gewünschte Erfolg einstellt.
Und noch ein Hinweis: In einigen Bundesländern (so z. B. in Baden-Württemberg) werden gebietsweise Lehrgänge zur Bekämpfung der Wühlmaus angeboten. Auskünfte hierzu erteilen die Pflanzenschutzdienststellen (s. Anhang).

Befallsermittlung

Voraussetzung für alle Abwehrmethoden und insbesondere für die fachgerechte Anwendung direkter Bekämpfungsmaßnahmen ist zunächst einmal das sichere Auffinden und richtige Erkennen der Wühlmausgänge. Fachleute sprechen hier von der „Befallsermittlung".

Vor jeder Bekämpfungsmaßnahme sollte eine sorgfältige Befallsermittlung mit Suchstab (links) und Grabmesser (rechts) durchgeführt werden

Der »Wühlmaus-Suchstab«

Die Benutzung eines »Wühlmaus-Suchstabes«, der sich z. B. aus dünnem Rundeisen oder aus Federstahl leicht herstellen läßt, kann bei der Befallserkennung eine große Hilfe sein. Notfalls tut es auch ein Spazierstock. Mit dem Suchstab tastet man neben den bzw. zwischen zwei Erdauswürfen – am besten auf kreisförmigen Bahnen – den Boden ab, etwa alle 5 cm drückt man ihn vorsichtig nach unten. Dringt der Stab in einen Hohlraum, was man deutlich durch das ruckartige Einsinken des Stabes spürt, ist man sehr wahrscheinlich auf einen Wühlmausgang gestoßen. An dieser Stelle wird nun der Gang mit Hilfe eines Spatens, einer Handschaufel oder eines Grabmessers freigelegt.

Die »Verwühlprobe«

Um ganz sicherzugehen, daß es sich bei dem aufgespürten Gang nicht doch um einen Maulwurfsgang handelt, oder um festzustellen, inwieweit der Gang noch von einer Wühlmaus bewohnt ist, sollte man die sogenannte »Verwühlprobe« durchführen.
Dazu werden mehrere Gänge (im Garten an 10 bis 20 Stellen) auf 20 bis 30 cm Länge geöffnet und dann wenige Stunden darauf, spätestens aber am nächsten Morgen, kontrolliert: Sind die Gänge von innen her wieder zugeschoben, also »verwühlt«, handelt es sich eindeutig um einen bewohnten Wühlmausgang. Dabei wird die künstlich geschaffene Gangöffnung häufig auf bis zu 50 cm Länge fest mit Erde zugestopft. Offenbar scheuen die Wühlmäuse das einfallende Licht und die einströmende Luft bzw. Kälte und sind deshalb bestrebt, die Gangöffnungen rasch wieder zu verschließen.
Falls die Öffnungen nicht verwühlt sind, haben wir es mit einem verlassenen Wühlmausgang oder aber mit einem

Für die »Verwühlprobe« wird der Wühlmausgang geöffnet

Ist der Gang bewohnt, wird die Öffnung schon nach kurzer Zeit durch die Wühlmaus verwühlt

Maulwurfsgang zu tun. In beiden Fällen erübrigt sind dann die Einleitung von Bekämpfungsmaßnahmen. Unbewohnte Wühlmausgänge kann man auch daran erkennen, daß weiße Wurzeln in den Gang hängen; außerdem sind die Gänge nicht so fest und so glatt wie bewohnte. Der Maulwurf verschließt geöffnete Gänge erst nach längerer Zeit und dann auch nur mit ein wenig loser Erde. Meist unterwühlt er die Unterbrechungsstelle und stellt so die Gangverbindung wieder her, oder er legt in nächster Nähe einen neuen Gang an.

Tip

Man sollte die Stellen, an denen man das Gangsystem öffnet, mit einem Stab oder ähnlichem markieren, damit man die Gänge bei der Kontrolle schneller wiederfindet.

Vorbeugende Maßnahmen

Grundsätzlich empfiehlt es sich, bereits vorbeugend etwas gegen Wühlmäuse zu unternehmen. Zwar können vorbeugende Maßnahmen nicht immer eine Ansiedlung dieser Schädlinge verhindern, doch kann der Schaden reduziert und größerer Ärger vermieden werden.

Schonung natürlicher Feinde

Wühlmäuse haben eine ganze Reihe natürlicher Feinde. Ein besonders wirksamer Wühlmausfänger ist das Große Wiesel (Hermelin), das seine Opfer sogar in deren Bau aufstöbert. Doch auch das Mauswiesel und das Zwergwiesel sowie Marder, Iltis, Dachs, Fuchs und Kreuzotter verzehren Wühlmäuse. Neben verschiedenen Greifvögeln (Milan, Turmfalke, Bussard,

Hermelin mit erbeuteter Wühlmaus

Rohrweihe u. a.) spielen Wald- und Steinkauz, Schleier- und Waldohreule, Rabe und Graureiher eine Rolle. Aber auch Hunde und vor allem Katzen gehen auf Wühlmausjagd.
Auch wenn es trotz dieser vielen Feinde immer wieder zu Massenvermehrungen von Wühlmäusen kommen kann, sollte man die natürlichen Gegenspieler wo es geht ansiedeln, schonen und fördern. In Obstanlagen kann beispielsweise das Anlegen von Stein- und Holzhaufen dazu führen, daß sich verstärkt Wiesel ansiedeln und von dort aus auf Beutesuche gehen. Greifvögeln sollte man »Ansitzstangen« anbieten. Dies sind lange, senkrecht im Boden befestigte Holzstangen mit einem Querholz, das höher als die umgebenden (Obst-)Baumkronen angebracht sein muß (Länge ca. 2 bis 2,50 m). Für Schleiereulen sollte man Einfluglöcher in Scheunen und anderen Gebäuden schaffen.

Drahtkörbe für junge Obstbäume

Junge Obstbäume sollten schon bei der Pflanzung einen Schutz gegen Wühlmäuse erhalten. Aus verzinktem Maschendraht mit einer Maschenweite von ca. 16 mm und einer Breite von 50 cm läßt sich leicht ein Drahtkorb formen:
Für den Korbboden schneidet man ein 50 cm langes und für die Seitenwände ein 150 cm langes Stück des Drahtgeflechtes. Beide Teile werden so miteinander verbunden, daß ein Korb entsteht. Diesen stellt man in das vorbereitete, ca. 60 cm breite und 40 cm tiefe Pflanzloch, und füllt dann ca. 10 cm Erde auf. Nun wird der Baum hineingesetzt und das Pflanzloch mit Erde aufgefüllt. Nach dem Andrücken der Erde sollte der Draht noch etwa 15–20 cm überstehen, so daß man ihn um den Stammgrund herum zusammendrücken und mit Erde abdecken kann.

»Mechanische« Methoden

Neuanpflanzungen von Obstbäumen und Sträuchern lassen sich über mehrere Jahre wirkungsvoll vor Wühlmausfraß schützen, indem man die Wurzelballen vor dem Pflanzen mit Maschendraht (Drahtgeflecht bzw. Kükengitter mit höchstens 25 mm Maschenweite) umhüllt, der die Wurzeln hindurchwachsen läßt und mit den Jahren zerfällt. Auch das Umgeben der Wurzelballen mit Glaswolle (aus dem Baugeschäft; nur mit Atemmaske verarbeiten!) soll sich bewährt haben.
Ebenso können Blumenzwiebeln und -knollen durch das Einsetzen in spezielle Pflanzkörbe aus Draht (im Fachhandel erhältlich) wirksam gegen Wühlmäuse geschützt werden. Körbe aus Kunststoff dagegen werden schnell durchgebissen und bieten keinen hinreichenden Schutz. Während die beschriebenen »Drahthosen« auch im großflächigen Garten- und Obstbau Anwendung finden, bietet sich Hob-

Junge Bäume können vorbeugend vor Wühlmausfraß geschützt werden, wenn man ihre Wurzeln mit einem engmaschigen Drahtgeflecht umgibt

Bäume erst im Frühjahr pflanzen!
Obstgehölze sollten möglichst nicht im Herbst, sondern besser erst im Frühjahr gepflanzt werden, nachdem eventuell vorhandene Wühlmäuse bekämpft worden sind. So kann man verhindern, daß die noch schwach bewurzelten Jungbäume im Winter von Wühlmäusen geschädigt werden.

bygärtnern noch eine weitere Möglichkeit der vorbeugenden Wühlmausabwehr: Auf kleineren Flächen, insbesondere in Gärten, kann man die Zuwanderung durch feinmaschigen Draht mindern, der 50 bis 80 cm tief in den Boden eingegraben wird.
Bewährt hat sich auch eine regelmäßige und vor allem tiefgründige Bodenbearbeitung. Im Ackerbau und im Obstbau (hier entlang der Baumreihen) ist diese Maßnahme gut durchführbar. Im Haus- und Kleingarten dagegen wird man sich auf das Umgraben und Lockern der Gemüsebeete und Blumenrabatten beschränken müssen (z. B. mit einem Sauzahn).
Auch ein kurzgehaltener Pflanzenwuchs wirkt sich nachteilig auf Wühlmäuse aus, nicht zuletzt deshalb, weil sie dann für ihre natürlichen Feinde besser sichtbar sind. Außerdem kann so auch ein eventueller Neubefall besser entdeckt werden. Wiesen und Brachland sowie das Gras in Obstanlagen sollte man daher regelmäßig mähen. Beweidete Flächen werden von Wühlmäusen ebenfalls gemieden, weil das Vieh die Gänge eintritt.

Wühlmausvertreibende Gewächse

Wühlmäuse sollen sehr geruchsempfindlich sein und Orte mit »unangenehmen« Gerüchen meiden. Vielfach wird deshalb empfohlen, den Garten oder zumindest

Die Kaiserkrone soll Wühlmäuse fernhalten

einzelne Beete mit bestimmten Abwehrpflanzen als »Duftbarriere« zu umranden oder diese zwischen gefährdete Kulturen zu pflanzen.

Wühlmausvertreibende Pflanzen
Kreuzblättrige Wolfsmilch *(Euphorbia lathyris)*
Zypressen- und Spring-Wolfsmilch *(Euphorbia* spp.)
Kaiserkrone *(Fritillaria imperialis)*
Knoblauch *(Allium sativum)*
Hundszunge *(Cynoglossum officinale)*
Ochsenzunge *(Anchusa officinalis)*
Steinklee *(Melilotus* sp.)
Schwarze Johannisbeere *(Ribes nigrum)*
Holunder *(Sambucus* sp.)

Inwieweit derartige Maßnahmen tatsächlich hinreichend wirksam sind, bleibt jedoch fraglich. Die meisten Fachleute haben hier jedenfalls andere Erfahrungen gemacht. So konnte sogar nachgewiesen werden, daß sich Wühlmäuse gerade gern unter Holunderwurzeln ansiedeln und diese auch als Nahrungspflanze annehmen. Grundsätzlich wird sich die abweisende Wirkung von Abwehrpflanzen nur in deren unmittelbarer Nähe bemerkbar machen.
Einen gegenteiligen, nämlich anlockenden Effekt haben – wie bereits erwähnt – Topinambur-Pflanzungen, deren Knollen von den Wühlmäusen gern gefressen werden. Möglicherweise kann es gelingen, die Schädlinge damit im Garten von den Kulturpflanzen abzulenken oder sie an bestimmten Stellen zu »konzentrieren«, um sie dann hier z. B. durch den Fallenfang loszuwerden.

Sanfte Abwehrmethoden

Die »sanften« Abwehrmethoden haben nicht den Fang oder die Tötung der Wühlmäuse zum Ziel, sondern lediglich deren Vertreibung bzw. »Vergrämung«.
So sollen beispielsweise in die Wühlmauslöcher gestopfte Menschenhaare (kostenlos beim nächsten Friseur erhältlich), tief eingegrabene, ungekochte Fischabfälle oder Glasscherben, in die Gänge gegossenes Blut oder auch einfach das Vollaufenlassen des Gangsystems mit Wasser die Schädlinge zum Abzug nötigen oder eine Neubesiedlung verhindern können.
An anderer Stelle wird empfohlen, im Abstand von ca. 2 m jeweils einen Eßlöffel Kalkstickstoff in die Gänge zu füllen und diese anschließend wieder zu verschließen, damit sich die Wühlmäuse verziehen, wobei eingeräumt wird, daß diese spätestens nach einer Zeitspanne von 8 Wochen wieder zuwandern.
Im wesentlichen nutzt man zur »sanften« Wühlmausabwehr »unangenehme« Gerüche oder Geräusche, deren Wirksamkeit jedoch bei vielen Fachleuten recht umstritten ist. Diesen Vertreibungsmethoden wird höchstens eine kurzfristige Wirkung zugestanden, da meist recht schnell wieder junge Wühlmäuse auf der Suche nach einem geeigneten Revier in das »befreite« Terrain einwandern. Wissenschaftliche Untersuchungen haben bislang durchweg ergeben, daß mit Hilfe von Gerüchen (in der Fachsprache »Geruchsrepellentien«) oder Schallwellen keine ausreichende Vergrämungswirkung zu erzielen ist.
Andererseits soll nicht verschwiegen werden, daß es aber anscheinend auch viele Hobbygärtner gibt, die mit diesen, insbesondere im biologischen bzw. naturgemäßen Gartenbau praktizierten Verfahren durchaus zufrieden sind. Grundsätzlich bleibt natürlich die Frage, inwieweit man das Problem Wühlmaus mit Vertreibungsmethoden wirklich löst oder vielleicht nur verlagert, z. B. in den Garten des Nachbarn? Der Vollständigkeit halber sollen – trotz aller Vorbehalte – die verschiedenen gängigen Vertreibungs- und Fernhaltemethoden kurz beschrieben werden.

Anwendung von Duftstoffen

Aufgrund ihres stark ausgeprägten Geruchssinnes, soll man Wühlmäuse auch dann noch mit Duftstoffen vertreiben bzw. vergrämen können, wenn sie sich bereits im Garten angesiedelt haben. So wird beispielsweise empfohlen, Blätter oder andere Teile bestimmter Pflanzen in die Gänge zu legen. Bewährt haben sich hierfür offenbar Thujazweige, Blätter von Nußbaum, Holunder oder Rosenlorbeer sowie Knoblauchzehen und Speisezwiebeln. Andere stinkende Stoffe, wie Brennessel- oder Holunderjauche, mit Petroleum oder Benzin getränkte Lappen, sollen Wühlmäuse ebenfalls vertreiben.

Vergrämungsmittel Wer nicht selber mit Duftstoffen experimentieren will, dem stellt der Fachhandel verschiedene Vergrämungsmittel zur Verfügung. Die meisten der angebotenen Präparate sollen neben Wühlmäusen auch den Maulwurf vertreiben können. Die Produkte bestehen in der Regel aus einer neutralen, natürlichen Trägersubstanz, der spezielle Duftstoffe als Wirkstoff zugesetzt sind. Es kann sich dabei z. B. um natürliche Nebenprodukte handeln, die bei der Kaffeeveredelung anfallen und mit speziellen Duftstoffen angereichert sind (z. B. »Reiß-Aus«) oder auch um poröse Lavasteinchen, die mit stark duftenden, konzentrierten Pflanzenölen und -extrakten getränkt sind (»Mäuse Weg«, »Maus raus«).
Laut Herstellerangaben erfüllen diese Präparate in der Regel folgende Anforderungen: Sie sind nicht giftig, unschädlich für Mensch und Tier, biologisch abbaubar, haben eine lange Wirkungsdauer, führen zu keiner Geruchsbelästigung und sind einfach anzuwenden. Allerdings sind nicht alle Mittel pflanzenverträglich, auch kann es zur Geschmacksbeeinflussung von Bodenfrüchten (z. B. Kartoffeln) kommen.

Duftabwehr mit Holunderjauche
Zum Ansetzen von 10 l Jauche verwendet man getrocknete (100 g) oder frische (1000 g) Holunderblätter. Die fertige Jauche wird bei ihrer Anwendung im Verhältnis 1 : 5 mit Wasser verdünnt und kann ganzjährig in die Wühlmausgänge geschüttet werden.

Es empfiehlt sich also, die Gebrauchsanweisungen sorgfältig durchzulesen und genau zu beachten.
Die Anwendung der Vergrämungsmittel erfolgt entweder unterirdisch durch Einbringen in die Pflanzlöcher und/oder Wühlmausgänge (z. B. »Reiß-Aus«, »Mäuse Weg«, »Maus raus«) oder oberirdisch durch Ausstreuen auf die Erdoberfläche (z. B. »Wühl>ex«). Ausbreitung und Wirkungsdauer der Geruchsstoffe sind von Mittel zu Mittel verschieden, hängen aber in jedem Fall von der Bodenbeschaffenheit und der Witterung ab. So ist die Ausbreitung in leichteren Böden in der Regel schneller, die Wirkungsdauer aber aufgrund der höheren Verdunstung kürzer. In schweren und feuchten Böden bzw. in der kälteren Jahreszeit wirken die Präparate nicht so schnell, dafür hält die Wirkung aber länger an.
Werden Vergrämungsmittel angewandt, um wühlmausfreie, aber gefährdete Flächen gegen eine Zuwanderung von außen zu schützen bzw. abzuriegeln, dann muß darauf geachtet werden, daß zum einen in dem zu schützenden Areal wirklich (noch) keine Wühlmäuse vorhanden sind (um keine Schädlinge »einzuschließen«) und daß zum anderen der »Abwehrstreifen« bzw. die »Duftbarriere« möglichst lückenlos ist.
Sollen Wühlmäuse aus befallenen (besiedelten) Flächen vertrieben werden, beginnt man mit der Ausbringung der Mittel in der Mitte bzw. im Zentrum des Befalls und geht dann in konzentrischen Ringen (ca. 1 m Abstand) nach außen. Die äußeren Ringe sollten jedoch erst nach einigen Tagen behandelt werden, nachdem die Schädlinge den inneren Bereich verlassen haben.

Eine weitere Methode ist, nur einzelne Gewächse oder Blumenzwiebeln vor Wühlmausfraß zu schützen. Dies kann entweder gleich bei der Pflanzung geschehen durch Einbringen eines Vergrämungsmittels in die Pflanzlöcher und die Pflanzerde oder auch nachträglich durch Ausstreuen oder Einbringen eines Mittels in den Wurzelbereich der Pflanzen.
In Gartenzeitschriften finden sich mitunter weitere und, wie Leserzuschriften belegen, offenbar erfolgversprechende Tips. So soll beispielsweise Kampfer Wühlmäuse vertreiben: Man bohre dazu ein 7 mm starkes, bis zum Boden reichendes Loch in einen Weinkorken, fülle Kampfer in Pulverform hinein und verschließe das Loch mit Faßdichte oder ähnlichem. Mit einem Zwiebelpflanzer 20 bis 30 cm tief in die Erde gesteckt, soll dieser so präparierte Korken die Schädlinge sicher und jahrelang aus dem Bereich frisch gepflanzter Bäume, aus Beeten und aus dem Gewächshaus vertreiben. Statt eines Korkens soll man auch Filmdöschen oder kleine Plastikfläschchen verwenden können – oder, jeweils mit einem halben Teelöffel Kampfer gefüllt und vorher mit 3 bis 4 Löchern versehen. Sind die Wühlmäuse erst einmal aus dem Garten vertrieben, soll es ausreichen, an dessen Grenzen alle 2 bis 3 Meter einen solchen Behälter einzugraben.
Neben den erwähnten Duftstoffen wurden viele weitere chemische Abschreckstoffe (Repellentien) geprüft, wie z. B. Phenol, Terpentin und Monochlorbenzol. Die Resultate waren jedoch meist negativ. Auch der Versuch, Blumenzwiebeln durch Einpuderung mit Repellentmitteln zu schützen, hat bisher nicht zu eindeutigen Ergebnissen geführt. Ebenso ist die Vergrämung durch in den Bau gebrachtes Karbid unsicher, weil es von den Wühlmäusen verwühlt wird.
Es sei deshalb an dieser Stelle nochmals betont, daß die Erfolgsaussichten bei der Wühlmausbekämpfung mit Hilfe von Duftstoffen und Vergrämungsmitteln eher gering sind.
Zwar kann nicht bestritten werden, daß diese Methoden hier und da Erfolge gebracht haben. Eine wirklich zuverlässige Wühlmausbekämpfung können sie jedoch nicht gewährleisten.

Akustische Vertreibung

Akustische Abschreckungs- oder Vertreibungsmethoden zielen auf die Geräuschempfindlichkeit der Wühlmäuse ab. Alles, was Lärm macht oder Geräusche von sich gibt, soll die Schädlinge aus ihren Gängen vertreiben können: von Hammerschlägen über Infra-, Ultra- und Klopfschall bis hin zu seismische Schwingungen erzeugenden Geräten.
Die meisten Wühlmausspezialisten und Pflanzenschutzexperten sind hier leider anderer Meinung: Eine sichere und dauerhafte Wirkung auf Wühlmäuse konnte in keinem Fall eindeutig nachgewiesen werden. Die Tiere orientieren sich vorwiegend mit dem Tast- und Geruchssinn und gewöhnen sich offenbar schnell an neue Geräusche.

Einfache Geräte Zu den einfacheren Maßnahmen der akustischen Vertreibung gehört beispielsweise das Aufstellen von Klappermühlen oder Windrädern, die ein Hammerwerk antreiben (z. B. »Duschls Wühlmausjäger«). Helfen soll auch, eine Eisenstange in einen Wühlmausgang zu treiben und mehrmals täglich mit einem Hammer dagegen zu schlagen. Die Schallwellen sollen Wühlmäuse vertreiben, wenn man nur ausdauernd genug ist.

Eine der vielen Methoden, Wühlmäuse »akustisch« zu vergrämen. Der Holzklotz schlägt bei jedem Luftzug gegen die Flasche

Das pfeifende Geräusch, das schräg in die Wühlmausgänge oder in 3-Meter-Abständen an den Beeträndern eingegrabene Flaschen bei Wind erzeugen, soll die Schädlinge ebenfalls zum Abwandern veranlassen. Bocksbeutel – so kann man lesen – sollen sich hier wegen ihrer schauerlich tiefen Töne besonders eignen.

Elektronische Geräte Anfang der achtziger Jahre wurden – in dem Bestreben, chemische Bekämpfungsverfahren durch umweltfreundlichere zu ersetzen – vielversprechende elektronisch gesteuerte Geräte entwickelt, welche die Wühlmaus und auch den Maulwurf mittels Schall- bzw. Klopfwellen vertreiben sollen.
Die angebotenen Geräte arbeiten mittels Infraschall (niederfrequente Schwingungen unter 20 Hertz; 1 Hertz = 1 Schwingung pro Sekunde) oder Ultraschall (4.000 bis 20.000 Hertz). Sie bestehen aus einem Steuerungsteil, der über elektronische Impulse Schall- bzw. Klopfwellen erzeugt, und einem oder mehreren stabförmigen Schallgebern (Schwingstäben), die in den Boden gesteckt oder eingegraben werden. Solarzellen oder Batterien (handelsübliche Monozellen) versorgen die Geräte mit Strom. Die Schallwellen werden in Intervallen ausgesandt und sollen – nach Angabe der Hersteller – auf einer Fläche von 500 bis 1.200 Quadratmetern wirksam sein (je nach Modell und in Abhängigkeit von der Bodenbeschaffenheit). Sowohl die Erfahrungen in der Praxis als auch wissenschaftliche Prüfungen führten mittlerweile zu dem Ergebnis, daß ultraschallerzeugende Geräte nur eine sehr geringe Reichweite haben und Wühlmäuse nur in sehr eingeschränktem Maße vertreiben. Die Ansiedlung neuer Tiere können sie nicht verhindern. Sobald die Geräte ausgeschaltet werden, beginnt die Wühltätigkeit sehr rasch wieder. Aus der Geophysik weiß man, daß Ultraschall im Boden offensichtlich nicht geleitet, sondern schon nach wenigen Zentimetern »geschluckt« wird.
Geräte der neueren Generation arbeiten deshalb nicht mehr im Ultraschallbereich, sondern erzeugen im Erdreich durch niederfrequente bzw. seismische Schwingungen leichte Erschütterungen (z. B. »Tierscheuche Infraschall TS-Infra-M«, »Elektronischer Mäusejäger TS-INFRA-ES«, »DEKUR 2001«, »DEKUR 500 SUPER«).

Gezielte Bekämpfung

Zu den direkten bzw. »gezielten« Bekämpfungsmaßnahmen zählen das Stellen von Fallen, das Auslegen von Giftködern und die Begasung der Wühlmausbaue. Die optimalen Anwendungszeiten für alle Verfahren liegen im Spätherbst, Winter und zeitigen Frühjahr. Eine Bekämpfung ist dann besonders wirkungsvoll und nachhaltig, wenn ein scheinbar zu vernachlässigender Wühlmausbefall zu verzeichnen ist. Dies gilt insbesondere für Gebiete, in denen regelmäßig auftretende Übervermehrungen bekannt sind. Fachleute empfehlen hier, jede sich neu ansiedelnde Wühlmaus zu fangen, bevor sie Nachwuchs bekommt. Zweimal im Jahr sollten gemeinsam mit den Besitzern (bzw. Nutzungsberechtigten) benachbarter Grundstücke größere, zusammenhängende Areale nach Wühlmäusen abgesucht und von diesen »freigemacht« werden.

Fallenfang

Der Einsatz von Fallen ist – nicht nur für den Hobbygärtner – die wohl sicherste, umwelt- und anwenderfreundlichste und zugleich preisgünstigste Bekämpfungsmethode. Im Gegensatz zu Giftködern und einigen Begasungsmitteln ist ihre Verwendung auch außerhalb landwirtschaftlich, forstwirtschaftlich und gärtnerisch genutzter Freilandflächen erlaubt. Dies kann recht bedeutend sein, da sich Wühlmäuse häufig auf angrenzenden Böschungen und Wegrändern oder auf Brachland usw. einnisten, um von dort aus in die Kulturflächen vorzudringen. Fallen dürfen auch in Wasserschutzgebieten eingesetzt werden. Von Vorteil ist auch, daß Fallen mehrfach verwendbar sind, und man ihre Wirkung – Fangerfolg oder Mißerfolg – unmittelbar feststellen kann.

Einer der Vorteile des Fallenfangs: die unmittelbare Erfolgskontrolle. Hier ist die Wühlmaus in eine Drahtfalle gegangen

Fallen-Typen Im Fachhandel gibt es verschiedene Modelle. Sie unterscheiden sich nicht nur im Aussehen, ihrer Wirkungsweise und Wirkungssicherheit, sondern auch in ihrer Handhabung. So gibt es Modelle, die so schwierig zu spannen bzw. feinzustellen sind, daß die Finger ungeübter Anwender arg in Mitleidenschaft gezogen werden können. Grundsätzlich sollte man sich für Schlag- oder Zangenfallen entscheiden, die aufgrund von Form und Größe des Fangringes einen Einsatz in Maulwurfsgängen (die etwas kleiner sind als Wühlmausgänge), unmöglich machen.

Man unterscheidet »einseitig« und »zweiseitig« fangende Fallen. Zweiseitig bedeutet, daß die Wühlmaus aus beiden Gangrichtungen an den Köder gelangen kann. Einseitig fangende Fallen sind z. B. die »Hausmannsche Wühlmausfalle«, die »Bayerische Drahtfalle« und die »Badische Drahtfalle«. Zweiseitig fangende Fallen sind z. B. die »Attenkoferfalle« sowie die »LUNA-Zangenfalle« und die »LUNA-Wühlmaus-Tunnelfalle«.

Während Draht-, Zangen- und Kippbügelfallen in den geöffneten Gang geschoben

Vor dem Stellen der Fallen wird der Wühlmausgang freigelegt und von Erde gesäubert

Die Fallen kommen vor beide Gangöffnungen

Handschuhe tragen!
Auch wenn Wühlmäuse nicht so empfindlich auf den menschlichen Geruch reagieren wie vielfach angenommen, so können sie aber möglicherweise auf den Menschen verschiedene Krankheiten übertragen (z. B. die Nagetierpest Tularämie). Es empfiehlt sich daher, beim Fangen von Wühlmäusen bzw. beim Anfassen toter Tiere Handschuhe zu tragen. Ferner sollte man darauf achten, daß man nicht von eventuell noch lebenden Wühlmäusen, die sich in Fallen befinden, gebissen wird.

werden, müssen Kasten- und Röhrenfallen – fest auf die Gangsohle und vor die Gangöffnung gepreßt – **vor** und nicht **in** den Bau gestellt werden. Reusenfallen werden in Gewässern aufgestellt. Mit ihnen fängt man nur die am Wasser lebenden Wühlmäuse. Die Fallen müssen parallel zur Uferböschung gestellt werden, so daß die Tiere gut hineinschwimmen können.
In der Regel werden die Wühlmäuse beim Auslösen bzw. Zuschnappen der Fallen im Genick oder über dem Brustkorb erfaßt und auf der Stelle getötet. Bei nicht sachgerechter Anwendung der Fallen kann es mitunter aber auch zu mehr oder weniger schwer verletzten »Lebendfängen« kommen, d. h., die gefangenen Tiere müssen dann an Ort und Stelle getötet werden. Um den Tieren unnötige Qualen zu ersparen, sollten Laien möglichst nur Fallen verwenden, deren Anwendung problemlos ist.

Vor- und Nachteile einzelner Fallen Es ist sehr schwierig, grundsätzliche Empfehlungen für oder gegen einen bestimmten Fallentyp auszusprechen. Die Wirksamkeit einer Falle hängt zum großen Teil von der richtigen Anwendung ab (Plazierung im Wühlmausgang, Feinstellen usw.). Sie kann zudem durch viele weitere Faktoren beeinflußt werden: Alter der Wühlmäuse, Bodenbeschaffenheit, Köderwahl usw.
In der Praxis gut bewährt hat sich beispielsweise die **Alte Bayerische Drahtfalle.** Von Vorteil ist hier, daß die Falle nicht von der Wühlmaus verschleppt werden kann. Der Abzugsring ist fest angebracht und kann nicht verlorengehen. Ferner sind Maulwürfe durch diese Falle kaum gefährdet, da der vordere Ring der Falle normalerweise zu groß ist für den Maulwurfsgang.

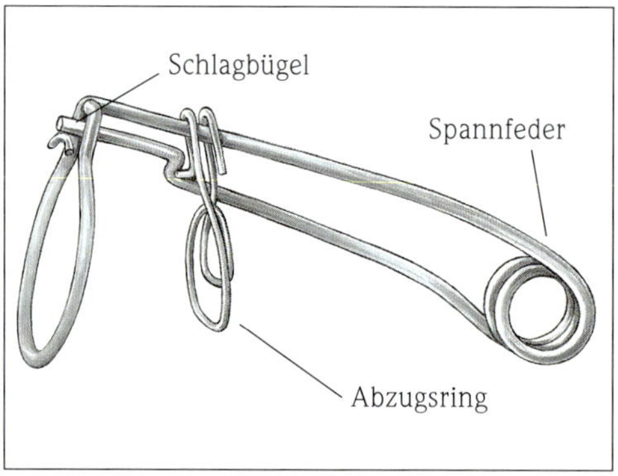

Alte Bayerische Drahtfalle

Position der Alten Bayerischen Drahtfalle im Wühlmausgang

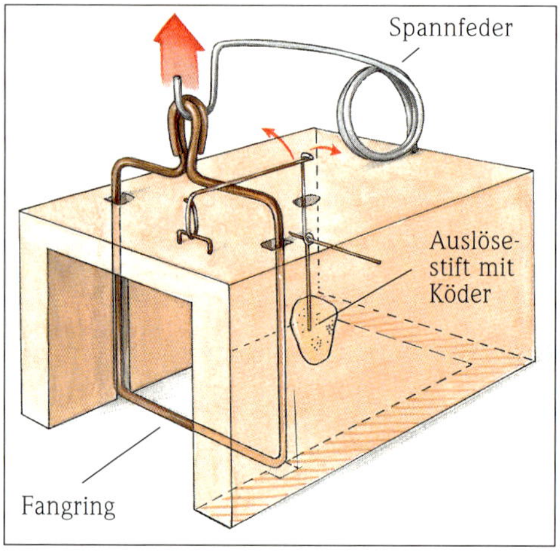

Kastenfalle

Kasten- und Tunnelfallen sind meist recht unkompliziert in der Handhabung. Eine besonders bei Hobbygärtnern beliebte Kastenfalle ist »Neudorffs Wühlmaus-Fänger«. Diese Falle läßt sich nicht nur sehr leicht spannen und im Wühlmausgang plazieren, sie zeigt auch gute Fangerfolge.

Die **Bayerische Zangenfalle** ist ein relativ einfacher Fallentyp. Sie hat die Form einer Zuckerzange und wird durch das Eindrücken eines runden Scheibchens (Stell- oder Auslöseplättchen) zwischen die beiden Zangenschenkel »fängisch« gestellt. Nachteilig an dieser Falle ist, daß die Wühlmaus am Hinterleib erfaßt werden kann und dann noch Stunden lebend in der Falle hängt. Auch Maulwürfe können mit dieser Falle getötet werden.

Die **Wolfsche oder Außensicht-Zangenfalle** ist durch sehr lange Führungsschenkel gekennzeichnet, die bis zu 16 cm tief in die Gänge hineingeschoben werden. Sie gefährdet zwar Maulwürfe kaum, doch sind oft nur sehr mäßige Fangerfolge zu erzielen.

Recht leicht zu handhaben und ausreichend fängig ist die **Augsburger Kippbügelfalle,** eine ebenfalls einseitig fangende Wühlmausfalle. Leider können hiermit auch Maulwürfe gefangen werden.

Lebendfallen (Röhrenfallen) können nicht unbedingt empfohlen werden. Zum einen müssen diese in sehr kurzen Abständen kontrolliert und geleert werden, da die Tiere sonst qualvoll sterben. Zudem ist das Töten lebend gefangener Wühlmäuse nicht jedermanns Sache. Und die gefangenen Tiere im nächsten Wald wieder freizulassen, wie teilweise vorgeschlagen wird, führt letztlich nur zu einer »Verlagerung« des Problems.

Es sei an dieser Stelle nochmals daran erinnert, daß Fallen grundsätzlich nur nach sicherer Befallsermittlung (s. Seite 24) auf-

Fallen richtig aufstellen

- Falle in den Gang einpassen, bis ein guter, fester Sitz erreicht wird: Fangring, Fangbügel oder Zangen müssen dicht an der Gangwandung anliegen.
- Falle wieder herausnehmen und Gangboden von loser, hineingefallener Erde »säubern«.
- Falle innen und außen mit einem Köder abreiben, und an der Auslösevorrichtung ein entsprechendes Köderstück anbringen.
- Falle spannen, »feinstellen« (d. h., scharfstellen, damit sie leicht auslöst) und richtig im Gang plazieren: Die Auslösevorrichtung (Abzugshebel oder -plättchen) darf sich höchstens 1 cm über dem Gangboden befinden.
- Gangöffnung mit einem flachen Gegenstand (z. B. Dachziegel) oder mit einem umgedrehten Grassoden abdecken, aber nicht luftdicht und lichtundurchlässig verschließen.
- Falle unbedingt täglich (möglichst alle 2 Stunden) kontrollieren und tote Tiere entfernen.

gestellt werden sollten. Nur so erzielt man die gewünschten Fangerfolge und verhindert, daß auch Maulwürfe gefangen werden.

Fallen-Anwendung Nachdem man eindeutig den Wühlmäusen zuzuordnende und von diesen bewohnte Gänge ermittelt hat, werden die »verwühlten« Gänge wieder so weit geöffnet, bis sie über eine längere Distanz geradlinig verlaufen. Fallen vor Biegungen oder Abzweigungen der Gänge zu stellen bringt meist keinen Fangerfolg. Dies gilt auch für Fallen, die in einem (Seiten-)Gang unter einem Erdhaufen plaziert werden. Bei lockerem, sandigem Boden verfolgt man die Gänge so weit, bis der Untergrund fester wird. Es sollten nach Möglichkeit immer gleichzeitig an mehreren Orten eines Wühlmausbaues Fallen stehen. Stößt man beim Öffnen eines Ganges auf mehrere Abzweigungen, ist es nicht notwendig, in jeden Gang eine Falle zu stellen. Es reicht dann aus, zwei Fallen zu plazieren: eine nach außen und eine zum Hauptbau hin.

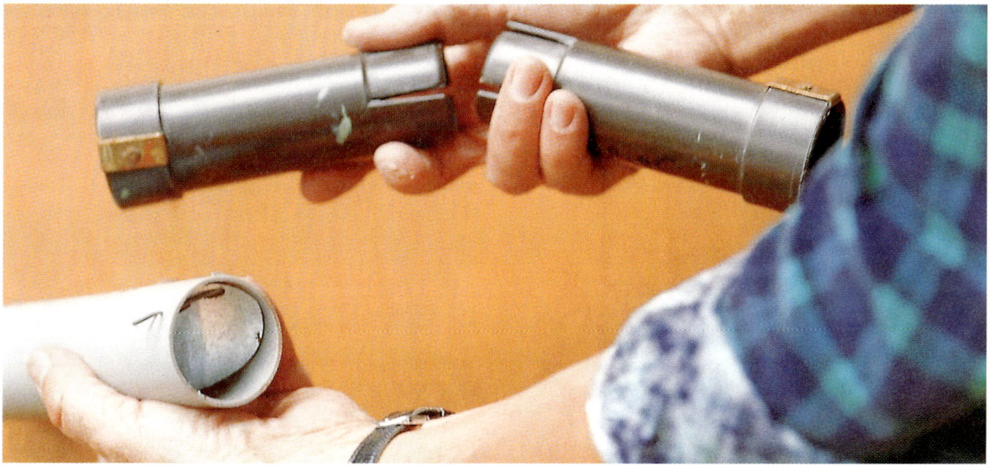

Zwei Röhrenfallen zum Lebendfang. Die obere ist zerlegbar zum leichteren Entleeren

Besondere Hinweise zum Fallenfang Es ist unbedingt darauf zu achten, daß beim Plazieren der Falle keine Erde in den Gang fällt, da die Wühlmaus diese sonst vor sich herschiebt, und hierdurch die Falle zu früh zuschnappen läßt. Deshalb ist es auch ratsam, Fallen nur dort aufzustellen, wo der Boden nicht zu locker ist (z. B. unter Grünflächen oder an Wegen). Notfalls hilft auch ein Anfeuchten der Erde.
Teilweise wird empfohlen, die Falle z. B. mit einem kleinen Erdhügel zu befestigen, da sie ansonsten von der Wühlmaus leicht verschoben werden kann. Ebenso kann es notwendig sein, die Falle am hinteren Ende mit etwas Erde zu »unterbauen«, damit die Auslösevorrichtung dicht über dem Gangboden liegt.
Nach dem Plazieren der Falle sollte der geöffnete Gang nicht hermetisch verschlossen, sondern nur so weit abgedeckt werden, daß noch ein wenig Licht in den Gang gelangt. Dies nämlich zeigt der Wühlmaus an, daß etwas an ihrem Gangsystem nicht in Ordnung ist. Sie wird sich also auf die Suche nach der Ursache begeben und entsprechend sicherer und schneller in die Falle gehen.
Neue Fallen sollten vor Gebrauch einige Zeit der Witterung ausgesetzt und mit Erde eingerieben werden. Inwieweit man – wie oft empfohlen – bei den oben beschriebenen Arbeiten Handschuhe tragen oder die Hände (bzw. Handschuhe) vor dem Aufstellen der Fallen sorgfältig mit Erde einreiben sollte, ist unter den Experten umstritten. Offenbar stört der menschliche Geruch die Wühlmäuse weniger, als allgemein angenommen wird. Sinnvoll ist das Tragen von Handschuhen aber beim Anfassen toter Tiere, um sich vor einer eventuellen Übertragung von Krankheiten zu schützen.
Hat man eine Falle richtig plaziert und gespannt, läßt der Fangerfolg meist nicht lange auf sich warten. Mitunter kommt es vor, daß schon nach 20 Minuten die erste Wühlmaus gefangen ist. Spätestens aber am nächsten Morgen sollte sich ein Fangerfolg eingestellt haben. Dann wird die Falle entleert, erneut beködert und so oft eingesetzt, bis keine Wühlmaus mehr gefangen wird. Ist eine Falle verwühlt, sollte sie an einer anderen Stelle desselben Baues wieder aufgestellt werden. Zur Sicherheit sollte man aber den Köder wechseln und die Falle vor dem Aufstellen sorgfältig mit diesem neuen Köder abreiben.

Die besten Köder für Fallen

Als attraktive Köder haben sich Äpfel, Möhren, Kartoffeln, Sellerieknollen, Futterrüben, Wurzeln des Löwenzahns und andere saftige Wurzelstücke oder frische Gartenfrüchte erwiesen. Man sollte jedoch darauf achten, daß als Köder möglichst eine Pflanzenart ausgewählt wird, die auf dem zu schützenden Areal nicht vorkommt, damit sie für die Wühlmäuse auch wirklich »attraktiv« ist.

Ködermethoden

Wo Wühlmausfallen wider Erwarten keinen Erfolg bringen oder die befallenen Flächen zu groß sind, kann das Auslegen von Giftködern eine Alternative darstellen. Dabei müssen jedoch die entsprechenden Anwendungsvorschriften und die erforderlichen Vorsichtsmaßnahmen Beachtung finden.
Man unterscheidet zwischen Trockenködern, die als Fertigpräparate erhältlich

sind, und Frischködern, die erst mit einem Wirkstoff präpariert werden müssen. Vorteilhaft ist, daß alle Giftköder ohne Gefahr für den Maulwurf angewendet werden können, da dieser auf lebende Kost angewiesen ist und Köder nicht aufnimmt.

Anwendungsverbote für Giftköder

Köder sind Pflanzenschutzmittel, deren Zulassung und Anwendung gesetzlich geregelt ist. Nach dem deutschen Pflanzenschutzgesetz dürfen sie nur unter strikter Einhaltung der Anwendungsvorschriften und auch nur auf Freilandflächen angewendet werden, soweit diese land-, forstwirtschaftlich oder gärtnerisch genutzt werden. Verboten ist ein offenes Auslegen von Köderpräparaten, was im übrigen wegen der unterirdischen Lebensweise der Wühlmaus auch sinnlos wäre. Ferner ist die Anwendung grundsätzlich in oder unmittelbar an oberirdischen Gewässern untersagt, bei Mitteln mit Wasserschutzgebietsauflage (W-Auflage) auch in Wasserschutz- und Heilquellgebieten. Teilweise bzw. in einzelnen Bundesländern (z. B. in Baden-Württemberg) ist eine Anwendung von Köderpräparaten in Haus- und Kleingärten, in Park-, Sport- und Grünanlagen sowie auf Friedhöfen gänzlich untersagt.

Trocken- und Frischköder Nicht alle Köder werden gleich gut angenommen. So werden trockene Köder und Körner in der Regel nur im Spätherbst, Winter oder im zeitigen Frühjahr gefressen, wenn kaum frische Pflanzenteile als natürliche Nahrungsquelle zur Verfügung stehen. In Zeiten reichhaltigen Nahrungsangebotes werden Köderpräparate entweder überhaupt nicht angenommen, oder sie werden in die Vorratskammern eingetragen, wo sie ihre Wirksamkeit allmählich verlieren können.

Fertigpräparate – angeboten als Pulver, Pasten, Giftbrocken oder Giftgetreide – enthalten attraktive Fraßstoffe und einen rodentiziden Wirkstoff (Nagetiergift), gelegentlich auch zusätzliche Lockstoffe. Ihre Anwendung ist relativ einfach, die Wirkung aber nicht immer ausreichend.

Wesentlich besser angenommen werden Frischköder, die man aus geeigneten Futterstoffen und unter Verwendung eines Wirkstoffes nach Anwendungsvorschrift selbst herstellt. Geeignete Futterstoffe sind frische, saftige Pflanzenteile. Bewährt haben sich z. B. Möhren-, Sellerie-, Rüben- und Apfelstücke, aber auch gefriergetrocknetes Wurzelgemüse läßt sich verwenden. Damit die Köder gut in die Gänge hineinpassen, sollten sie nicht größer als etwa 2 x 3 cm sein.

Köder-Wirkstoffe Die im Handel erhältlichen Wühlmausköder können in zwei Gruppen eingeteilt werden: Die einen enthalten als Wirkstoff Zinkphosphid, woraus im Magen der Wühlmaus unter Einwirkung von Magensäure der abtötende Phosphorwasserstoff entsteht (z. B. »Wühlmausköder Arrex«, »Giftweizen P 140«). Die anderen enthalten Wirkstoffe, welche die Blutgerinnung hemmen (sog. Antikoagulantien; z. B. Cumarinderivate). Da letztere mehrfach von der Wühlmaus aufgenommen werden müssen, bevor sie tödlich wirken, ist eine wiederholte Anwendung erforderlich. Zu dieser Gruppe zählt beispielsweise der häufig von Hobbygärtnern verwendete »Quiritox Wühlmausköder«

Vorsichtsmaßnahmen
Vor der Anwendung von chemischen Präparaten die Hinweise auf den Packungen sorgfältig durchlesen. Die Anwendungsvorschriften sind genau zu beachten! Sowohl Fertigköder als auch selbst hergestellte Köder so auslegen, daß sie für Kinder und Haustiere unerreichbar sind. Bekämpfungsmittel sind in Originalverpackungen aufzubewahren, und zwar in einem abgeschlossenen, für Kinder und Haustiere unzugänglichen Schrank.

aus Johannisbrot (Wirkstoff Warfarin). Wirkstoffe, die sich für die frische Zubereitung von Ködern eignen, wie z. B. Chlorphacinon, sind in Deutschland derzeit noch nicht behördlich geprüft und zugelassen.

Köder-Anwendung Um die Attraktivität von Ködern zu erhöhen, sollte vor ihrer Anwendung möglichst alles Fallobst, das als natürliche Futterquelle dient, beseitigt werden. Wichtig zu wissen wäre auch, daß eine einmalige Köderanwendung nur selten ausreicht, sie muß mehrfach wiederholt werden. Das Auslegen von Ködern kann »gezielt« oder »blind« erfolgen.
Für das »gezielte« Auslegen von Ködern müssen vorher die Gänge genau ermittelt und »Verwühlproben« (s. Seite 24) durchgeführt werden. Nur die verwühlten, d. h., die tatsächlich bewohnten Gänge werden dann erneut geöffnet und gezielt mit Ködern belegt. Sind die Köder nach 24 Stunden verschwunden, kann man davon ausgehen, daß sie von den Wühl-

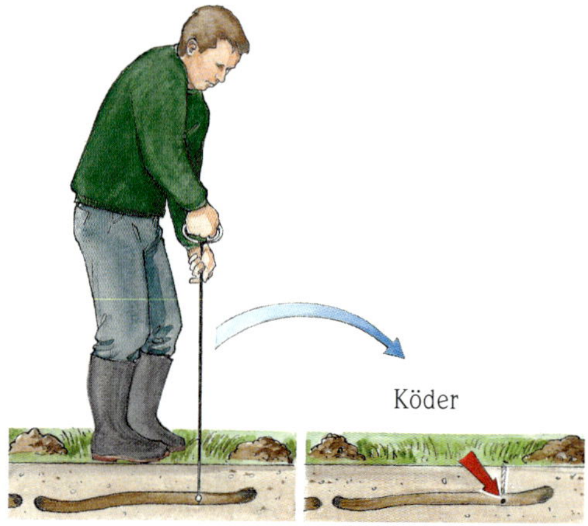

Beim »blinden« Auslegen der Köder werden alle aufgefundenen Wühlmausgänge mit Ködern bestückt

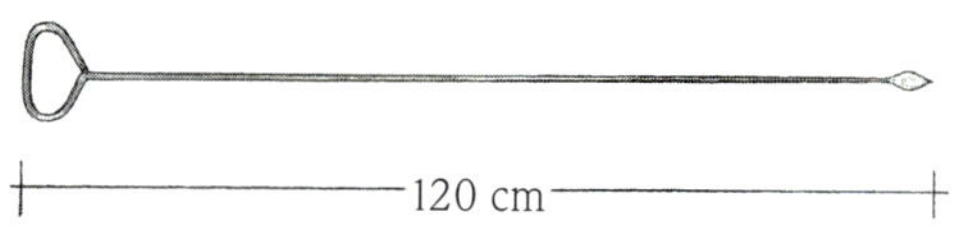

Der ideale Suchstab zeigt am unteren Ende eine kugelartige Verdickung mit etwa 2,5 cm Durchmesser

mäusen angenommen worden sind.
Beim sogenannten »blinden« Auslegen belegt man alle mit einem Wühlmaus-Suchstab aufgespürten Gänge mit Ködern, also möglicherweise auch unbesiedelte. Diese Methode ist zwar weniger zeitaufwendig, man benötigt dafür aber auch mehr Köder.
Vorteilhaft ist, wenn der Suchstab vor dem unteren, spitz auslaufenden Ende kugelartig verdickt ist (etwa 2,5 cm Durchmesser). So entsteht nämlich nach dem Herausziehen des Stabes gleich eine ausreichend große Bodenöffnung, durch die der Köder problemlos in den Gang gelegt werden kann.

Begasungsmittel
Die Große Wühlmaus ist grundsätzlich auch mit Begasungsmitteln bekämpfbar.

Allerdings können diese Verfahren sowohl den Anwender als auch die Umwelt erheblich gefährden! Verwendet werden Kohlendioxid, Kohlenmonoxid oder Phosphorwasserstoff. Die beiden letztgenannten Gase sind sehr giftig für den Menschen, außerdem gefährden sie das Trinkwasser und das Bodenleben. So dürfen Begasungen auch nicht durchgeführt werden, wenn gleichzeitig Maulwürfe vorkommen. Doch auch andere im Gangsystem der Wühlmäuse lebende Tiere werden miterfaßt und getötet.
Obwohl eine Anwendung von Begasungsverfahren durch Hobbygärtner in der Regel nicht in Betracht kommt – zumal auch die Anschaffungskosten für die erforderlichen Gerätschaften zu hoch wären –, sollen die verschiedenen Begasungsverfahren kurz vorgestellt und erläutert werden.

Durchführung einer Begasung Begasungen lohnen sich nur für große Anlagen, wie z. B. Parks, Obstplantagen, Weinberge oder Friedhöfe. Sie sollten stets in größeren und zusammenhängenden Arealen sowie nur von geschultem Personal durchgeführt werden. Die genaue Beachtung der Anwendungsvorschriften und strikte Einhaltung von Anwendungsverboten sollten selbstverständlich sein.
Unbedingte Voraussetzung ist die Befallsermittlung mittels der Verwühlprobe (s. Seite 24). Da die Wühlmausbaue im Sommer viele natürliche Öffnungen aufweisen, die zu einer ständigen Luftbewegung führen, muß der Zeitpunkt einer Begasung auf den Herbst, Winter oder das zeitige Frühjahr gelegt werden. Die Einleitung der Gase muß an mehreren Stellen eines Baues erfolgen. Alle Begasungsverfahren haben eine Reichweite von etwa 10 m. Bei ausgedehnten Gangsystemen sollte daher alle 10 m eine Einleitung erfolgen. In hängigem Gelände ist von oben nach unten zu arbeiten, ansonsten kreisförmig von außen nach innen.

Ein Wühlmaus-Begasungsgerät im Einsatz

Kohlenmonoxid Zur Begasung bzw. zum Ausräuchern von Wühlmausgängen wird schon seit langer Zeit Kohlenmonoxid eingesetzt. Früher wurde mit Abgasen aus Kraftfahrzeugen (Ottomotoren) gearbeitet. Heutzutage wird das Gas mit Spezialgeräten über die Verbrennung von bleifreiem Benzin, einem Zweitaktgemisch oder Holzkohle erzeugt und dann über einen Schlauch in die Gänge und Baue geleitet. Schon 3 % Kohlenmonoxidanteil in der Atemluft reichen aus, um die Wühlmäuse durch Ersticken zu töten.
Wichtig ist, daß das giftige Gas an mehreren Stellen eines Wühlmausbaues eingeleitet wird. Meist nutzt man dazu die für die »Verwühlprobe« angelegten sowie die zusätzlich mit dem »Suchstab« geschaffenen Gangöffnungen. Damit das gesamte Gangsystem eines Baues erfaßt wird, muß alle 10 m für mindestens 10 Minuten Gas in die Gänge eingeleitet werden.
Wühlmäuse lassen sich zwar mit Kohlenmonoxid recht wirksam bekämpfen, doch ist dieses Verfahren nicht ungefährlich für den Anwender und für die Umwelt. Das Gas ist nicht nur für Wühlmäuse äußerst giftig, sondern auch für den Menschen! Außerdem gelangen durch die Auspuffgase nicht nur Kohlenmonoxid, sondern auch verschiedene Kohlenwasserstoff-Verbindungen und Schwermetalle ins Erdreich. Schon in geringen Mengen können diese Stoffe das Bodenleben gefährden und das Trinkwasser vergiften.
Deshalb ist die Verwendung von Kohlenmonoxid aus speziellen Benzin- oder Zweitakt-Verbrennungsmotoren nicht erlaubt in Trinkwasser- und Heilquellen-Schutzgebieten. Auch für eine Anwendung in der Nähe unterirdisch verlegter Trinkwasserleitungen aus Kunststoff (der vom Kohlenmonoxid angegriffen wird) bestehen Verbote, außerdem für bebaute Flächen, an Wegen und Straßen, auf Sportplätzen, Vorgartenflächen und in Stallungen, Baumschulen und Gartenbaubetrieben.

Kohlendioxid Wesentlich umweltfreundlicher und gegebenenfalls auch in Wasserschutzgebieten anwendbar ist die Begasung von Wühlmausbauen mit Kohlendioxid (Kohlensäure). Bei diesem vornehmlich in frisch angelegten Gangsystemen bzw. in kleinen Bauen erfolgreich anzuwendenden Verfahren wird das Gas aus handelsüblichen Stahlflaschen entnommen und über Schläuche in die Gänge eingeleitet.
Kohlendioxid ist schwerer als Luft. Es verdrängt den Sauerstoff aus dem Wühlmausbau und tötet die Tiere durch Ersticken nach vorheriger Betäubung. Voraussetzung für eine abtötende Wirkung ist eine ausreichend hohe Konzentration des Gases. Bei Anwendung in lockeren, durchlässigen Böden (z. B. Sandböden) kann es deshalb Probleme geben. Die Gaseinleitungsstellen sollten nicht mehr als 10 m auseinander liegen, pro Stelle muß – in Abhängigkeit von der Größe des Baues – zwischen 1,5 und 6 Minuten lang Kohlendioxid eingeleitet werden (Druck 1 bar).
Problematisch bei der Kohlendioxid-Begasung ist, daß das Gas bei zu schneller Entnahme vereist und damit für die Einleitung in den Wühlmausbau nicht mehr verfügbar ist. Deshalb dürfen innerhalb einer Stunde höchstens 10 % des Vorrats entnommen werden.
Da dieses Gas weder sichtbar noch geruchlich wahrnehmbar ist, kann die Verbreitung bei der Einleitung in den Boden, anders als beim Kohlenmonoxid-Rauch, nicht beobachtet werden. Vorteilhaft ist, daß keine schädlichen Rückstände im Boden entstehen, im Gegenteil, das Gas

Anzünden einer Räucherpatrone

wird von den Pflanzenwurzeln als Nährstoff aufgenommen.

Phosphorwasserstoff Für den Erwerb von Phosphorwasserstoff-Mitteln und die Durchführung einer Begasung mit diesem hochwirksamen, sehr giftigen und deshalb auch für den Anwender gefährlichen Gas benötigt man in Deutschland die Erlaubnis der nach jeweiligem Landesrecht zuständigen Behörde. Ausgenommen sind lediglich portionsweise verpackte Zubereitungen, die je Anwendung nicht mehr als 15 g Phosphorwasserstoff entwickeln.
Alle Phosphorwasserstoff entwickelnden Präparate zur Wühlmausbekämpfung sind Pflanzenschutzmittel. Ihre Anwendung in Wasserschutzgebieten (W-Auflage) ist grundsätzlich untersagt. Da beim Ausbringen dieser Mittel wegen der Hitzeentwicklung Brandgefahr besteht, dürfen sie nur auf freien Flächen, nicht aber am oder im Wald, unter Baumgruppen oder auf Flächen mit Stroh oder Rohhumusauflage angewendet werden. Wichtig: Die Gase dürfen nicht eingeatmet und die Mittel nicht mit bloßen Händen angefaßt werden!
Es gibt verschiedene Möglichkeiten, Phosphorwasserstoff in die Wühlmausgänge zu bringen. Sogenannte »Pellets« werden mit Hilfe eines Dosiergerätes in die Gänge gelegt, wonach die Öffnungen sofort zu verschließen sind. Es handelt sich hierbei um Verbindungen aus Kalziumphosphid (z. B. »Polytanol«) oder Aluminiumphosphid (»Detia-Wühlmauskiller«, »Neudo-Phosphid«, »Phostoxin WM«, »Super-Schachtox«, »Wühlmauspille«, »Gastoxin«), aus denen unter Einwirkung von Feuchtigkeit Phosphorwasserstoff entsteht. Bei Mitteln auf der Basis von Kalziumphosphid besteht die Gefahr einer explosionsartigen Reaktion! Diese Mittel dürfen deshalb nicht bei feuchter Witterung oder sehr feuchtem Boden sowie nicht in oder in der Nähe von Gebäuden angewandt werden.
Eine weitere Methode ist der Einsatz sogenannter Begasungspatronen (z. B. »Arrex-Patrone«). Diese werden außerhalb des Wühlmausganges angezündet und abgebrannt. Die übrigbleibende Schlacke, aus der im Boden Phosphorwasserstoff entsteht, wird dann in den geöffneten Gang gelegt.

Kurzinfo: Große Wühlmaus	
Wissenschaftl. Name	*Arvicola terrestris*
Besonderes	2 Formen: Landform (»terrestrische«) und Wasserform (»aquatische«)
Körperlänge	12–22 cm
Gewicht	60–180 g
Körperbau	gedrungen und plump; Kopf relativ groß und breit
Fell	dicht; oberseitig meist dunkelbraun, schwarzgrau, grau oder braungrau, seitlich etwas heller, am Bauch gelblichgrau
Augen	klein
Ohren	klein; fast vollständig vom Fell verdeckt
Schnauze	stumpf
Schwanz	behaart, etwas kürzer als die halbe Körperlänge (7–12 cm lang)
Nahrung	unter- und oberirdische Pflanzenteile; neben Gräsern und krautigen Pflanzen bevorzugt frische, saftige Wurzeln u. Knollen
Kot	oberirdisch zu finden, oft gehäuft an bestimmten Orten; zylinderförmig, 10–12 mm lang, oliv bis hellgrün
Grabtechnik	Gangbau mit Schneidezähnen und Vorderbeinen (»Scharrgraben«)
Erdhaufen	klein und unscheinbar; nur zum Herbst hin zunehmend große, flache Haufen in unregelmäßigen Abständen
Gangsystem	durchschnittlich 25 m lang; meist nur wenige Seitengänge, aber Rundläufe im Bau; Gangöffnungen liegen neben größeren Erdhaufen, nie direkt darunter; künstliche Gangöffnungen werden »verwühlt«
Nestbau	unterirdisch in einer Nesthöhle (20–40 cm tief)
Vermehrung	jährlich 3–5 Würfe mit 3–7 Jungen
Lebensdauer	etwa 2 Jahre
Lebensraum	frische, feuchte Böden, Gräben, Bachufer, Böschungen, extensiv genutzte Wiesen, lichte Laub- und Mischwälder, vergraste Jungkulturen; Gärten, Obstanlagen, Weinberge
Verhalten	kann gut schwimmen und tauchen; tag- und nachtaktiv; kein Winterschlaf, i.d.R. einzeln lebend
Verursachte Schäden	Wurzelfraß an Bäumen (vor allem an Obstgehölzen); Wühlschäden an Ufern und Böschungen; Zerstörung der Grasnarbe; Fraß an unterirdischen Pflanzenteilen aller Art
Abwehrmaßnahmen	Schonung und Förderung natürlicher Feinde; Wurzelballen mit Drahtgeflecht umhüllen; Abwehrpflanzen setzen; Gras und Pflanzenbewuchs niedrig halten; tiefgründige Bodenbearbeitung; evtl. Vertreibung mit Duftstoffen
Direkte Bekämpfung	Fallenfang, Anwendung von Giftködern, evtl. Begasung der Baue

Die »Kleinen« Wühlmäuse

Neben der Großen Wühlmaus können auch die sogenannten »Kleinen« Wühlmäuse der Gattung *Microtus* gebietsweise große Schäden verursachen. Meist sind Spuren und Aktivitätszeichen von Feldmaus und Erdmaus aber weniger ausgeprägt als bei der Großen Wühlmaus.

Die Feldmaus

Die Feldmaus *(Microtus arvalis)* gelangte offenbar erst mit der Verbreitung der Landwirtschaft nach Europa, wo sie heute überall vorkommt, mit Ausnahme der Britischen Inseln, Skandinavien und eines Teiles der Mittelmeergebiete. Dank ihrer Anpassungsfähigkeit besiedelt sie hier alle geeigneten Lebensräume, vom Tiefland bis ins Gebirge.

Die Feldmaus lebt überall in der offenen Feldflur und im locker strukturierten Siedlungsbereich. Dabei bevorzugt sie sonnige, trockene, mäßig hohe Grasflächen sowie Klee-, Luzerne- und Getreideschläge. Von den Feldern und Wiesen wandern die Feldmäuse auch in unsere Gärten und in Obstanlagen ein, in Jahren der Übervermehrung findet man sie sogar in Wäldern. Charakteristisch für die Feldmaus ist, daß es alle 3 bis 4 Jahre zu einer sich allmählich beschleunigenden und dann explosionsartig ausbrechenden Massenvermehrung kommen kann. Die Ursache für diese zyklischen Übervermehrungen ist zum einen eine ungewöhnlich hohe Vermehrungsfähigkeit, d. h., unter optimalen Umweltbedingungen kann die Feldmaus in kurzer Zeit extrem viele Nachkommen

Die Feldmaus frißt sowohl an oberirdischen als auch an unterirdischen Pflanzenteilen

haben. Zum anderen können ungewöhnlich viele Tiere auf engstem Raum zusammenleben. 3 bis 4 Weibchen verschiedener Generationen leben häufig gemeinschaftlich in einem Nest.
Bei Massenvermehrungen hat man bereits mehr als 4.000 Feldmäuse auf einem Hektar ermittelt. Aufgrund von Krankheiten, gegenseitiger Überreizung (Stress), Nahrungsmangel und anderen Ursachen brechen Übervermehrungen nach einer gewissen Zeit wieder in sich zusammen. Problematisch ist aber, daß sich – trotz aller Anstrengungen der Forschung – Beginn, Verlauf, Ausmaß und Ende einer Massenvermehrung nicht einmal kurzfristig mit ausreichender Sicherheit voraussagen lassen.

Zum Fressen begibt sich die Feldmaus meist in ihr Gangsystem

Feldmausgänge zerstören die Grasnarbe

Feldmaus-Massenvermehrungen können in der Landwirtschaft Schäden in Millionenhöhe anrichten. So wurde z. B. 1974 ein Viertel der gesamten Grünlandfläche des Weser-Ems-Gebietes (= 125.000 ha) bis zum völligen Kahlfraß geschädigt. Große Schäden sind auch im Feldfutterbau, Hackfruchtbau und Feldgemüsebau keine Seltenheit. Besonders gefährdet sind auch die Deiche. Viele Deichbrüche bei den letzten schweren Flutkatastrophen wurden indirekt durch die Wühltätigkeit von Feldmäusen verursacht: Das über die Deiche schwappende Seewasser drang in die Feldmausbaue ein, hob die schützende Grasnarbe ab und brachte die Deiche so zum Einbruch.

Biologie und Ökologie

Die Feldmaus mißt mit Schwanz ca. 12 bis 16 cm (Kopf-Rumpf-Länge 8–11 cm; Schwanzlänge 3–5 cm) und wiegt zwischen 20 und 45 g. Das Rückenfell kann gelbgrau (sandfarben) bis braun- bzw. dunkelgrau gefärbt sein, es ist dicht und kurzhaarig. Die unauffälligen, abgerundeten Ohren ragen etwas aus dem Kopffell hervor. Die Ohrmuscheln sind innen dicht behaart. Die kleinen »Knopfaugen« glänzen schwarz.

Verhalten und Lebensweise

Feldmäuse sind offenbar sehr lichtbedürftig. Man findet sie überwiegend in offenem Gelände, vor allem auf nicht zu feuchtem Gras- und Kulturland. In Gärten und Obstanlagen siedeln sie sich vor allem dort an, wo die Baumscheiben mit Gras und anderem Material abgedeckt werden, oder wo Gras dicht an den Stämmen wächst. Im Winter dringen sie auch in Treibbeetkästen und Gewächshäuser vor.
Zerkleinerte Halme und Blätter sowie Kot weisen auf die Anwesenheit dieser Nager hin. Ihre bis zu 20 Tiere umfassenden Kolonien erkennt man an einer Häufung von Gangöffnungen (Mauslöchern), die durch oberirdische Laufspuren (Wechsel) miteinander verbunden sind. Weitere Wechsel verlaufen strahlenförmig von den Kolonien in die Vegetation der Umgebung. Weniger auffällig ist die rund um die Löcher verstreute Erde, die aus den unterirdischen Feldmausgängen ausgestoßen wird. Die Gänge liegen meist dicht unterhalb der Erdoberfläche. Sie führen zu 10 bis 20 cm großen Nestern, die in 10 bis 20 cm (teilweise auch bis zu 50 cm) Tiefe angelegt werden. Im Winter findet man allerdings auch Nester unmittelbar unterhalb der Schneedecke.
Feldmauskolonien werden meist von einem bis mehreren Weibchen mit ihren Jungen bewohnt. Die Männchen sind weniger an bestimmte Kolonien gebunden und streifen – vor allem während der Paarungszeit – weit umher. Im Sommer ist die Feldmaus vornehmlich am Tage, im Winter überwiegend nachts aktiv. Auf den oberirdisch angelegten Laufgängen, die von ihr regelmäßig und häufig begangen werden, bewegt sie sich durch sehr schnelles, trippelndes Rennen.
Die Überwinterung der Feldmäuse erfolgt in der Regel auf Wiesen und Weiden, in mehrjährigen Futterkulturen, auf Brachland und Rainen.

Feldmausbau

Fortpflanzung und Entwicklung

Die Vermehrungsfähigkeit der Feldmaus ist außerordentlich groß. Sie kann sich ganzjährig fortpflanzen, die eigentliche Paarungszeit liegt aber zwischen März und Oktober. In dieser Zeit bringen die Weibchen fortlaufend Nachkommen zur Welt. Etwa alle 3 bis 4 Wochen gibt es einen neuen Wurf, selbst 15 bis 22 Würfe pro Jahr sollen vorkommen. Jeder Wurf besteht aus 4 bis 8, mitunter sogar bis zu 13 Jungen. Die Jungen werden 12 Tage gesäugt, kurze Zeit später sind sie bereits geschlechtsreif (Weibchen ungefähr im Alter von 13 bis 15 Tagen und Männchen mit etwa 28 Tagen).
Die durchschnittliche Lebenserwartung einer Feldmaus liegt bei etwa einem Jahr, mitunter werden die Tiere aber bis zu 3 Jahre alt.

Ernährung und Schädigung

Feldmäuse ernähren sich hauptsächlich von grünen, oberirdischen Pflanzenteilen, aber auch von Samen und Körnern sowie unterirdischen Pflanzenteilen. Sie fressen an Zuckerrüben, Raps, Kartoffeln, Wurzelgemüse, Erdbeeren, Blumenzwiebeln und anderen Kulturpflanzen, im Winter auch von den verholzten Pflanzen. Tierische Nahrung in Form von Insekten wird dagegen nur sehr selten aufgenommen.
In einem etwa zweistündigen Rhythmus begibt sich die Feldmaus oberirdisch auf Nahrungssuche. Dies geschieht in der Regel auf 10 bis 30 cm breiten Streifen beidseits der Wechsel. Der Verzehr der Nahrung erfolgt dann meist im Gangsystem oder in Fraßkammern.
Die typischen Fraßschäden der Feldmaus lassen sich in drei Kategorien einteilen:

- Abfressen junger Saaten und Verlust von Pflanzen. In mehrjährigen Futterkulturen stellenweise Kahlfraß mit nachfolgend einsetzender Verunkrautung.
- Zerstören der Grasnarbe durch Fraß und Verwühlung. Nach milden Wintern können Wiesen und auch Rasenflächen völlig durchlöchert sein. Bei starker Schädigung verändert sich hier längerfristig auch die Zusammensetzung der Pflanzenarten.
- Fraß am Wurzelhals von Obstbäumen, insbesondere an einigen Apfelsorten, wobei die Rinde an der Stammbasis ringförmig abgenagt wird. Bereits ein geringer Fraß kann zu einer Schwächung des Baumes führen, mitunter sogar zum Absterben. Weil dieser Fraß meist während des Winters erfolgt, wird er oft übersehen.

Die Feldmaus nagt die Rinde an der Stammbasis ringförmig ab

Abwehr und Bekämpfung

Wie bei der Großen Wühlmaus gehören auch zur Bekämpfung der Feldmaus sowohl vorbeugende als auch gezielte Maßnahmen.

Vorbeugende Maßnahmen

Obwohl die Feldmaus zu den Hauptbeutetieren vieler natürlicher Feinde gehört, sind diese – wie bei der Großen Wühlmaus – leider nicht in der Lage, den Ausbruch von Massenvermehrungen zu verhindern. Trotzdem sollte auch hier alles getan werden, um Greifvögel und Eulen, räuberische Säugetiere und andere Gegenspieler anzusiedeln und zu fördern.
Eine wirksame vorbeugende Abwehrmaßnahme besteht darin, die Lebensbedingungen für Feldmäuse durch eine Intensivierung der Bewirtschaftung zu verschlechtern und damit die Entstehung von Massenvermehrungen dauerhaft zu unterbinden. So wandern Feldmäuse von häufig gemähten oder stark beweideten Flächen ab, weil ihnen die lebensnotwendige Deckung fehlt.
Auch das regelmäßige Kurzhalten des Pflanzenwuchses in Obstanlagen wirkt sich nachteilig auf eine Feldmaus-Ansiedlung aus und erleichtert zudem die Beutesuche der Raubvögel und Raubtiere. Insbesondere der Boden um die Stämme herum (Baumscheiben) sollte von Gras- und

Unkrautwuchs freigehalten und nicht mit Laub oder Reisig abgedeckt werden. Den Wurzelhals kann man zusätzlich mit feinem Drahtgeflecht schützen, das eine Handbreit tief eingegraben wird. Blumenzwiebeln lassen sich vorbeugend schützen, indem man die Pflanzen vor dem Setzen in eine aus Mennige und Wasser angerührte Brühe taucht. Für 100 Zwiebeln benötigt man ungefähr 75 bis 100 g Mennige in 0,3 bis 0,4 l Wasser. Eine solche Behandlung hat sich vor allem bei Tulpen, Hyazinthen und Krokussen bewährt.

Gezielte Maßnahmen

Auf kleineren Flächen (z. B. im Zierrasen) oder bei vereinzeltem Befall kann eine direkte Bekämpfung der Feldmaus mit handelsüblichen Schlagfallen erfolgen. Auch der Einsatz begifteter, d. h., mit einem Rodentizid imprägnierter Köderpellets oder Getreidekörner hat sich hier und da bewährt. Chemische Bekämpfungsmaßnahmen sollten jedoch nicht ohne vorherige Befragung der Pflanzenschutzdienste erfolgen. Nur organisierte, gleichzeitige Maßnahmen in größeren Bezirken versprechen Erfolg.
Ist eine Bekämpfung angezeigt, wird sie im Spätherbst, an milden Wintertagen oder spätestens im zeitigen Frühjahr durchgeführt. Damit die Fertigköder (Giftgetreide, Ködergift, Giftbrocken) nur in bewohnte Mauslöcher ausgelegt werden, verschließt man nach Möglichkeit vor der Behandlung die gefundenen Gangöffnungen mit Erde und beschickt dann nur die wiedergeöffneten Löcher. Daß ein Gang besiedelt ist, erkennt man auch daran, daß die Löcher glattrandig sind und Futterreste herumliegen. Um eine Gefährdung von Geflügel und Wild mit Sicherheit auszuschließen, darf Giftgetreide niemals offen ausgelegt werden!
In Obstanlagen können bei starkem Befall auch »Köderdepots« eingerichtet werden, z. B. in Drainageröhren. Sie schützen den Köder und verhindern eine Aufnahme durch andere Tiere. Bei großflächigen Bekämpfungsmaßnahmen werden begiftete Köderpellets teilweise auch maschinell ausgebracht, z. B. mit dem Düngerstreuer.

Die Erdmaus

Häufig wird die Feldmaus mit der ihr ähnlichen Erdmaus *(Microtus agrestis)* verwechselt. Diese Wühlmausart kommt

Feldmaus (links) und Erdmaus (rechts) sind nur schwer zu unterscheiden

in ganz Europa vor, mit Ausnahme des Mittelmeerraumes sowie Islands und Irlands.
Die Erdmaus bewohnt feuchtere und kühlere Lebensräume als die Feldmaus. Man findet sie an Gewässerufern, auf feuchten Wiesen, in Sümpfen und Mooren, in der Umgebung von Gebirgsbächen sowie in Wäldern auf Blößen, Windbrüchen, Kahlschlägen und in Schonungen.
In erster Linie ist die Erdmaus ein Forstschädling. Ihr hohes Vermehrungspotential führte auf den ausgedehnten Kahlschlägen der Kriegs- und Nachkriegszeit zu großen Massenvermehrungen, die in drei- bis vierjährigem Zyklus aufeinander folgten. Die Wiederaufforstung der Kahlschläge wurde vor allem in Norddeutschland von der Erdmaus erheblich behindert. Es entstanden Millionenschäden.
Auch heute fürchten Forstleute ein Wiederaufleben der Erdmausplagen, zumal das gegenwärtige »Waldsterben« dazu führen könnte, daß wieder enorm große Kahlflächen entstehen und entsprechend großflächige Wiederaufforstungsmaßnahmen notwendig werden.

Biologie und Ökologie

Die Erdmaus ist mit 12 bis 18 cm Gesamtlänge etwas größer als die Feldmaus. Ihr Körper wiegt 25 bis 55 g und hat eine gedrungene Form. Das Rückenfell zeigt sich rot- bis dunkelbraun und lang- sowie rauhhaariger als das der Feldmaus. Der Kopf ist breit und stumpfschnauzig. Die Ohren sind rund, aber unauffällig, die Ohrmuscheln am oberen Rand mit längeren Haaren besetzt, ansonsten unbehaart. Der kurze Schwanz zeigt eine deutliche Ringelung; am Schwanzende bilden die Schwanzhaare einen Pinsel.

Verhalten und Lebensweise

Die Erdmaus bevorzugt eine Umgebung mit dichter, geschlossener Vegetationsschicht. Man findet sie an feuchten und krautigen Stellen, häufig in vergrasten Forstkulturen, aber auch auf feuchten, nicht beweideten Wiesen sowie in Mooren und Sümpfen. Ihre Laufgänge (Wechsel) und Gangöffnungen (Mauslöcher) sind verborgen unter dem Gras und kaum zu sehen. Auch unter Schnee werden Gänge angelegt. Insgesamt ist die Erdmaus im Verhalten der Feldmaus sehr ähnlich, allerdings soll sie im Sommer mehr nachtaktiv und im Winter eher tagaktiv sein. Ihre verzweigten Gänge gräbt sie dicht unter der Erdoberfläche. Typisch ist die Anlage von kugeligen Nestern aus Gras, meist oberirdisch oder unter Wurzeln.

Fortpflanzung und Entwicklung

Wie die Feldmaus kann sich auch die Erdmaus rasch und stark vermehren. In der Regel gibt es 3 bis 6 Jahreswürfe pro Weibchen mit jeweils 3 bis 8 (und mehr) Jungen, die schon mit etwa 5 Wochen geschlechtsreif sein können. Die Paarungszeit liegt zwischen März und November. Die durchschnittliche Lebensdauer beträgt etwa 20 Monate, manche Tiere werden aber auch 2 bis 3 Jahre alt.

Ernährung und Schädigung

Während der Vegetationsperiode bevorzugen Erdmäuse Stengel und Blätter leichtverdaulicher Grasarten. Daneben werden Moose, Grassamen und nur ganz selten Insekten verzehrt. Die Vertilgung von Baumsamen kann erhebliche negative Auswirkungen auf die Naturverjüngung mit sich bringen.
Sobald die Nahrungsgräser nach den ersten Frösten absterben, erfolgt eine Umstellung vor allem auf Rindennahrung junger Obst- und Forstbäume. Baumrinden

von Weichhölzern wie Ahorn, Eberesche, Esche, Hainbuche, Pappel, Rot- und Weißerle, Weide und Lärche werden besonders gern befressen. Der Anfangsbefall erfolgt meist an der Erdoberfläche: Die Rinde wird am Stammgrund ringförmig abgenagt bzw. abgeschält. An der Rinde sind dann mehr oder weniger waagerechte Zahnspuren erkennbar, auch in das Holz hinein. Stämmchen bis 2 cm Durchmesser werden dicht oberhalb des Bodens abgebissen. Junge Baumstämme sind in 10 bis 20 cm Höhe geringelt oder einseitig geschält. Untere Äste können bis etwa in 2 m Höhe entrindet sein, Knospen, Triebe und Nadeln werden abgebissen. An jungen Fichten und Kiefern werden auch die Endtriebe benagt oder abgebissen. Der Rindenfraß kann – vor allem an Jungbäumen – zum Totalausfall führen. Manchmal nagt die Erdmaus sogar entlang der Hauptwurzel und schädigt teilweise das Wurzelwerk der Bäume.

Abwehr und Bekämpfung

Grundsätzlich sollten die natürlichen Feinde der Erdmaus, z. B. Fuchs, Mäusebussard und Waldohreule, gefördert werden, obwohl sie auch hier Massenvermehrungen nicht verhindern können. Auch Wildschweine fressen übrigens gern Erdmäuse.

Eine der wirksamsten Maßnahmen zur Verhinderung einer Massenvermehrung in Forstschonungen ist nach wie vor die mechanische oder chemische Niederhaltung des Graswuchses, die gleichzeitig einem besseren Wachstum der jungen Bäume dient. In schneereichen Wintern kann diese Methode allerdings versagen, weil dann die Tiere unter der Schneedecke besonders gut auf die Flächen einwandern können. Wenig erfolgreich war bislang die Anwendung fraßabschreckender Mittel gegen den Rindenfraß.

Weil die Erdmaus kaum Körner frißt, ist eine Bekämpfung mit Giftködern schwieriger als bei der Feldmaus. Eine Anwendung von Ködermitteln (Zinkphosphid-Präparate wie »Arrex-E-Köder«, »Arrex-M-Köder-klein« oder Chlorphacinon-Präparate wie »Lepit-Forstpellets«) muß im Spätherbst oder Frühwinter vor dem Schneefall oder im zeitigen Frühjahr vor Beginn der Vegetationsperiode erfolgen, allerdings auch hier nur nach Befragung der zuständigen Pflanzenschutzdienste.

Kurzinfo: »Kleine« Wühlmäuse		
	Feldmaus	**Erdmaus**
Wissenschaftl. Name	*Microtus arvalis*	*Microtus agrestis*
Körperlänge	12–16 cm	12–18 cm
Gewicht	20–45 g	25–55 g
Körperbau	klein bis mittelgroß, gedrungen und plump, kleine Augen	gedrungen; breiter Kopf mit stumpfer Schnauze
Fell	braun- bis dunkelgrau, straff	rot- bis dunkelbraun, rauhhaarig
Ohren	unauffällig u. abgerundet, ragen aber frei aus dem Fell heraus	rund, aber unauffällig (meist verdeckt)
Schwanz	3–5 cm (ein Drittel der Körperlänge)	3–5 cm, mit deutlicher Ringelung
Nahrung	grüne Teile von Pflanzen, aber auch Samen und unterirdische Pflanzenteile	im Sommer Samen, Stengel und Blätter von Gräsern; Moose; ab Herbst Rinde junger Bäume
Gangsystem	verzweigte unterirdische Gänge mit offenen Löchern (rund, Durchmesser 3–4 cm); Anlage von Fraßkammern, oberirdische Wechsel	Laufgänge in verfilzter Vegetation (Gras, Moos); flache Erdbaue; verzweigte Gänge dicht unter der Erdoberfläche
Nestbau	10–20 cm große Nester in meist bis zu 20 cm Tiefe	kugelige Nester aus Gras oberirdisch oder unter Wurzeln
Vermehrung	jährlich etwa 10–15 Würfe pro Weibchen mit jeweils etwa 4–8 Jungen	jährlich 3–6 Würfe pro Weibchen mit jeweils 3–8 Jungen
Lebensdauer	ca. 10–12 Monate	ca. 20 Monate
Lebensraum	offenes, nicht zu feuchtes Gras- und Kulturland (Äcker, Wiesen, Weiden, Obstanlagen)	feuchte, krautige Wiesen und Weiden, vergraste Forstkulturen
Verhalten	im Sommer tagaktiv, im Winter vorwiegend nachtaktiv; Bildung von Kolonien	im Sommer mehr nachtaktiv, im Winter vorwiegend tagaktiv
Verursachte Schäden	Benagen von Obstbaumrinde; Abfressen junger Pflanzen; Zerstörung der Grasnarbe	Rinden- und Wurzelfraß an Bäumen; Fraß von Baumsamen
Abwehrmaßnahmen	Unkraut entfernen, kein Abdecken mit Laub oder Reisig; Schutz von Greifvögeln und Eulen: Sitzstangen und Nistgelegenheiten bieten	natürliche Feinde fördern (Fuchs, Bussard, Eulen u. a.); Graswuchs in Forstschonungen niedrig halten
Direkte Bekämpfung	evtl. Fallenfang; Giftköder	Giftköder-Pellets

Der Maulwurf

Maulwürfe *(Talpa europaea)* bekommt man nur recht selten zu Gesicht. Sie leben fast ausschließlich unterirdisch in einem selbstgegrabenen Gangsystem. Aufgrund der versteckten Lebensweise weiß man in der Regel nur von der Existenz eines Maulwurfes, wenn man auf die von ihm aufgeworfenen Erdhaufen trifft. Diese »Maulwurfshügel« sind insbesondere bei Gärtnern nicht sonderlich beliebt. Oder hat sich hier vielleicht in letzter Zeit etwas geändert?

Viele Naturliebhaber ärgern sich gar nicht so sehr über die Aktivitäten des Maulwurfs. Vielmehr sehen sie in seinem Auftreten ein Zeichen dafür, daß ihr Gartenboden als Grundlage für ein gesundes Pflanzenwachstum offenbar noch intakt ist. Denn ein reichhaltiges »Bodenleben« ist nicht nur Voraussetzung für die Ansiedlung des Maulwurfs, sondern ebenso ein Indiz für Bodenfruchtbarkeit. Davon abgesehen, ist der Maulwurf ein recht possierliches und in seiner Lebensweise sehr interessantes Geschöpf. Man zählt ihn zu den nützlichen Tieren, und außerdem steht er nach der deutschen Bundesartenschutzverordnung unter besonderem Schutz.
Der bei uns heimische Europäische Maulwurf kommt in fast ganz Europa vor. Nur in Irland, Island und Nordskandinavien, West- und Südspanien, Portugal, Mittel-

Maulwurf

und Süditalien, in Teilen Griechenlands und des ehemaligen Jugoslawiens sowie auf den Mittelmeerinseln ist diese Art nicht anzutreffen. Hier leben andere Maulwurfsarten (s. auch Seite 9–10). Ansonsten besiedelt der Europäische Maulwurf die Talregionen ebenso wie das Hochgebirge, vorausgesetzt, Bodenbeschaffenheit und Nahrungsangebot ermöglichen das Anlegen seines weitverzweigten Gangsystems. Sein bevorzugter Lebensraum ist das mäßige feuchte bis trockene Grünland. Man findet ihn aber nicht nur auf Wiesen und Weiden. Auch in Laubwäldern tritt er auf, weniger dagegen in Nadelwäldern und auf Ackerland. Insgesamt gesehen gehört der Maulwurf noch nicht zu den gefährdeten heimischen Wildtieren. Teilweise wurde in den letzten Jahren sogar ein vermehrtes Auftreten festgestellt. Allerdings gilt dies kaum für dichtbesiedelte Großstadtgebiete, wo es sogar notwendig erscheint, für den Schutz des Maulwurfs einzutreten. So wirbt z. B. die Senatsverwaltung für Stadtentwicklung und Umweltschutz der Stadt Berlin für »Verständnis und Toleranz im Umgang mit dieser völlig zu Unrecht oft als schädlich eingestuften Art«.

An diesem Punkt »scheiden sich also die Geister«: Die einen sehen im Maulwurf ein nützliches und ein schützenswertes Geschöpf, die anderen halten ihn für einen Schädling. Vielleicht einigen wir uns auf die Bezeichnung »schützenswerter Erdbewohner mit nützlichen und – aus Gärtnersicht – lästigen Eigenschaften«? Obwohl die Besiedlungsdichte (d. h., die Anzahl der Maulwürfe pro Flächeneinheit) in unseren Gärten in der Regel verhältnismäßig niedrig ist, fällt ein Auftreten des Maulwurfs hier natürlich besonders auf. Insbesondere auf Rasenflächen sind Maulwurfshügel nicht nur ein unschöner Anblick. Sie behindern den Gärtner beim Mähen und die Kinder beim Ballspielen. Hat man sie gerade mühevoll mit Schaufel und Harke eingeebnet, sind am nächsten Morgen schon wieder neue entstanden.

Biologie und Ökologie

Der Maulwurf hat eine **Körperlänge** von 11 bis 17 cm und wiegt zwischen 65 und 120 g. Männchen werden in der Regel schwerer und größer als Weibchen. Der Körper ist gedrungen, eiförmig (zylinder- bzw. walzenförmig) gestaltet und sehr muskulös. Ein Hals ist äußerlich nicht erkennbar, der **Kopf** ist sozusagen zwischen den Schultern eingekeilt.

Maulwurfshügel im Rasen werden von Gärtnern nicht gern gesehen

Der Maulwurf hat sich optimal an das Leben »unter Tage« angepaßt

Die winzigen **Augen** des Maulwurfs (Durchmesser ca. 1 mm) liegen seitlich am Kopf und sind im Fell fast völlig verborgen. In der Regel sind sie von einer feinen Haut überwachsen und haben nur eine sehr kleine Lidspalte. Mit Hilfe licht- und elektronenmikroskopischer Untersuchungen hat man aber feststellen können, daß das Auge des Maulwurfs trotzdem alle für ein Sehen notwendigen Strukturen besitzt, auch wenn es sich in seinem Aufbau von dem eines typischen Säugetierauges erheblich unterscheidet. Maulwürfe sind also nicht blind, auch wenn ihre Sehleistung vermindert ist. So konnte nachgewiesen werden, daß der Maulwurf in der Lage ist, Helligkeitsunterschiede wahrzunehmen. Man vermutet, daß diese Sinnesleistung dem Maulwurf hilft, verschiedene Tages- und auch Jahreszeiten wahrzunehmen.
Die **Ohren** sind durch niedrige Hautfalten geschützt, äußere Ohrmuscheln fehlen. Das Gehör ist dennoch normal entwickelt, wenn auch nicht besonders scharf, und wird offenbar zum Orten von Beutetieren genutzt. Maulwürfe reagieren auf Töne mit 250 bis 3.500 Schwingungen in der Sekunde.
Ebenso ist der **Geruchssinn** des Maulwurfs normal entwickelt, spielt aber bei der Orientierung wohl keine wesentliche Rolle.
Eine besondere Bedeutung für das Zurechtfinden in den verzweigten, dunklen Gängen und für die Beutesuche wird dafür dem **Tastsinn** beigemessen. Als Hauptsinnesorgan gilt hier die rüsselförmige, sehr bewegliche nackte **Schnauze,** die äußerst empfindlich auf Tastreize reagiert. Außerdem ist der ganze Kopf reichlich mit Schnurrhaaren ausgestattet und kann über diese Tasteindrücke wahrnehmen. Beim Rückwärtskriechen wird der kurze **Schwanz** (Schwanzlänge 2–3 cm)

Die Handinnenflächen des Maulwurfs zeigen nach außen, und die Finger sind mit scharfen Krallen ausgestattet

als Tastorgan eingesetzt. Kleinste Bodenerschütterungen, z. B. durch Beutetiere hervorgerufen, werden im übrigen vom gesamten Körper wahrgenommen.
Die Vorderbeine bzw. Vorderfüße des Maulwurfs sind zu breiten **Grabschaufeln** umgestaltet und weisen einen kräftigen Knochenbau auf. Die Oberarme sind kurz und stehen seitlich vom Körper ab. Die sehr kurzen Unterarme sind nach vorn gerichtet und so gedreht, daß die Handinnenflächen nach außen zeigen, die Handrücken demnach am Kopf liegen. Beim Laufen setzt der Maulwurf seine Hände also mit der Daumenkante auf. Die ohnehin sehr breiten Hände werden durch einen an der Daumenkante liegenden, sichelförmigen Knochen noch mehr verbreitert: die sogenannte **Grabkralle** (auch »sechster Finger« genannt). Die Finger sind mit langen, breiten und an der Spitze sehr scharfen Krallen ausgestattet.

Das kurze, dichte **Fell** ist in der Regel schwarz bis schiefergrau gefärbt und fühlt sich samtartig an. Die Unterseite ist etwas heller. Es hat keinen »Strich«, d. h., es richtet sich beim Rückwärtskriechen in den engen Erdtunneln nicht auf, sondern bleibt immer glatt.

Verhalten und Lebensweise

Im Gegensatz zur Großen Wühlmaus, die erst in Gärten und auf Beeten erscheint, wenn sich bereits dickere Pflanzenwurzeln entwickelt haben, besiedelt der Maulwurf gern lockeren, frisch bearbeiteten und mit Kompost gedüngten Boden. Hier nämlich findet er in der Regel besonders viele Regenwürmer, seine wohl wichtigste Nahrungsquelle.

Maulwürfe leben – wie die Wühlmäuse – überwiegend unterirdisch in einem selbstgegrabenen Gangsystem, das durch eine Vielzahl von Verzweigungen ein regelrechtes Röhrenlabyrinth bildet. Zahlreiche Beobachtungen sowie der Nachweis im Beutespektrum von Greifvögeln und Eulen belegen, daß Maulwürfe ihren unterirdischen Bau immer wieder verlassen und auch auf der Erdoberfläche aktiv werden. Obwohl Maulwürfe durch ihren eigenartigen Körperbau optimal an eine unterirdische Lebensweise angepaßt sind, können sie sich auch oberirdisch erstaunlich behende fortbewegen.

Auch schwimmen können sie recht gut. Wie schnell sich Maulwürfe sowohl unter- und oberirdisch als auch im Wasser fortbewegen können, zeigen sie beispielsweise, wenn sie vor Überschwemmungen ihrer Tunnelsysteme auf höhergelegenes Gelände ausweichen und nach Rückgang der Fluten rasch wieder in ihre heimischen Reviere zurückkehren.

Das Maulwurfsrevier hat einen Durchmesser bis zu 120 m

Reviere

Maulwürfe leben als Einzelgänger, sieht man von der Paarungszeit und der Aufzucht der Jungen durch das Weibchen ab. Jedes Tier hat sein eigenes Territorium, dessen Größe sehr unterschiedlich sein kann. Sie hängt ab vom Nahrungsangebot, von der Jahreszeit und vom Geschlecht. In der Regel hat das Revier einen Durchmesser von ungefähr 50 bis maximal 120 m. Weibchen kommen offenbar mit weniger Platz aus als die Männchen, welche ihre Reviere während der Fortpflanzungszeit im Frühjahr häufig enorm ausdehnen. Nach Untersuchungen, die in Wäldern Nordost-Schottlands durchgeführt wurden, kann das Revier eines Männchens dann mit einer durchschnittlichen Fläche von ca. 7.700 m^2 mehr als dreimal so groß sein wie das eines Weibchens.

Nur im Randbereich eines Maulwurfreviers kann es zu Überlappungen mit den Revieren von Artgenossen kommen. Wissenschaftler haben jedoch festgestellt, daß sich hier die Männchen stets aus dem Wege gehen. Überlappt sich das Territorium eines Männchens mit dem eines Weibchens, werden die gemeinsamen Gänge fast nie zur gleichen Zeit benutzt.

Zu kämpferischen Auseinandersetzungen kommt es dementsprechend recht selten.

Gangsysteme
Der Maulwurf ist das ganze Jahr hindurch sowohl am Tage als auch während der Nacht aktiv. Kurze Ruhepausen und aktive Zeiträume des Grabens und Jagens lösen einander ab (drei Aktivitätsphasen pro Tag). Ständig erweitert und repariert der Maulwurf sein unterirdisches Gangsystem. Regelmäßig durchläuft er seine Tunnel, um die hineingeratenen Beutetiere, vor allem Regenwürmer und Insektenlarven, zu erbeuten. Gegraben wird also nicht, um Beutetiere aufzuspüren, sondern um neue Gänge zu schaffen, in denen dann Nahrung zu finden ist.
Grundsätzlich graben ältere, bereits in einem Gebiet »etablierte« Maulwürfe sehr viel weniger als junge Tiere, die sich erst ein eigenes Gangsystem anlegen müssen. Eine gesteigerte Grabtätigkeit ist daher vor allem im Sommer (Juni/Juli) zu beobachten, wenn die Jungmaulwürfe von den Alttieren aus deren Revieren vertrieben werden. Das Gangsystem eines Maulwurfs zeigt **Oberflächengänge** (je nach Bodenbeschaffenheit 10 bis 40 cm tief) und **Tiefengänge** (einen Meter tief und tiefer) sowie **Gangöffnungen** nach außen. Unmittelbar unter der Erdoberfläche liegende, oft viele Meter lange Gänge werden in der Regel dann gegraben, wenn es gilt, größere Strecken zurückzulegen. Dies ist z. B. dann der Fall, wenn ein Maulwurf im Herbst den Garten verläßt und auf einen umgebrochenen Acker umsiedelt. Diese Oberflächengänge sind als Erdwölbung oder unter dem Schnee als Rinne gut erkennbar.
Gänge in tiefere Erdschichten hinein werden vor allem während der kalten Jahreszeit angelegt. Der Maulwurf folgt dann seiner Hauptnahrung, den Regenwürmern, sobald sich diese vor dem Frost tiefer ins Erdreich zurückziehen.
Das unterirdische Gangsystem ist durch einzelne Öffnungen von ca. 5 cm Durchmesser mit der Außenwelt verbunden. Gangöffnungen findet man sowohl direkt am Erdboden als auch zentral am Gipfel der Maulwurfshügel. Meist sind sie offen, manchmal aber auch mit einem Erdpfropfen verschlossen.

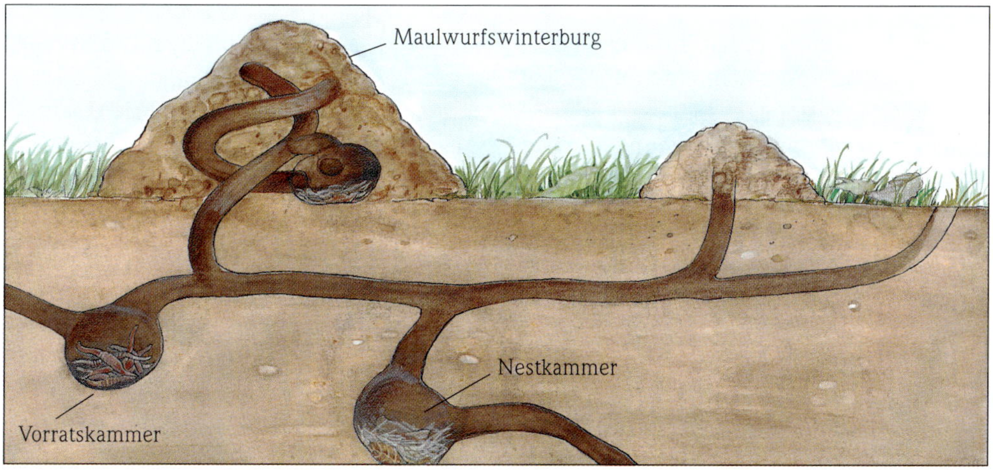

Querschnitt durch einen Maulwurfsbau

Im Zentrum eines Maulwurfsbaues, ca. 50 cm unter der Erdoberfläche, befindet sich eine eiförmige, mit Pflanzenteilen, Gras und Laub ausgepolsterte **Wohnkammer** mit einem Durchmesser von etwa 20 cm. Von diesem Nest aus verlaufen mehrere Tunnel in die verschiedenen Teile des Baues. Ferner enthält ein Bau bis zu 10 **Vorratskammern** von 15 bis 20 cm Durchmesser. Das Weibchen baut außerdem ein Nest, in dem es seine Jungen zur Welt bringt. Dieses Nest liegt aber meist in einiger Entfernung zum Bau, gut geschützt zwischen den Wurzeln eines Busches oder Baumes.

Grabtechnik

Mit seinen schaufelartigen Vorderfüßen, den starken Krallen und der kräftigen Schultermuskulatur ist der Maulwurf einzigartig für ein Wühlen und Graben im Erdboden ausgerüstet. Beim Losscharren und Entfernen der Erde benutzt das Tier jeweils nur eine seiner Vorderpfoten und stützt sich mit der anderen gegen die Wand oder die Decke des Tunnels. Mit der Handfläche und den Krallen wird die Erde abgelöst und dann portionsweise abwechselnd mit je einer der beiden Pfoten vor sich hergeschoben. Teilweise drückt sie der Maulwurf auch fest an die Gangwände oder befördert sie durch die Hinterpfoten unter dem Körper weg nach hinten. Der Körper bewegt sich dabei wie der Bohrer einer Bohrmaschine durch Drehungen vorwärts.

Erdhaufen

Der größte Teil der beim Tunnelbau anfallenden Erde wird vom Maulwurf aus dem Gangsystem hinaus an die Erdoberfläche transportiert, d. h., senkrecht nach oben

Entstehung eines Erdhaufens

gestoßen. Die ausgestoßene Erde bildet große, halbkugelige, gleichmäßig ausgerichtete Maulwurfshaufen. Nur ein kleinerer Teil des gelockerten Erdmaterials wird in die Gangwände gepreßt, um die Tunnel zu stabilisieren. Die Entstehung eines durchschnittlich großen Maulwurfshaufens (Grundfläche ca. 30 x 30 cm, Höhe 10 cm) dauert weniger als eine Stunde. Auch durch eine dünne Schneeschicht hindurch werden Erdhügel aufgeworfen. Man kann nicht – wie vielfach angenommen – von der Anzahl der Maulwurfshügel auf die Zahl der vorhandenen Maulwürfe schließen. So kommen beispielsweise in Laubwäldern Maulwürfe häufig in einer verhältnismäßig hohen Besiedlungsdichte vor, Erdhaufen aber findet man kaum. Man nimmt an, daß der Maulwurf im lockeren Waldboden die Erde zur Seite wegzuschieben vermag und deshalb nicht nach oben befördert, so daß keine Hügel aufgeworfen werden.
Doch auch andere Lebensräume bleiben trotz dichter Maulwurfsbesiedlung mitunter frei von Maulwurfshaufen, solange das Gebiet nicht gestört wird. Erst massive äußere Einflüsse – seien es Überflutungen, Frost oder vom Menschen durchge-

führte Kultivierungsmaßnahmen – können das Gangsystem zum Einstürzen bringen oder derart beschädigen, daß Reparaturen notwendig werden, die dann auch mit dem Aufwerfen frischer Erdhügel verbunden sind.

Maulwurfsburgen, Erdzylinder und Erdrollen

Neben den typischen Erdhügeln und den nicht so auffälligen Erdwölbungen über den Oberflächengängen gibt es noch weitere, weniger bekannte oberirdische »Aktivitätszeichen« des Maulwurfs, die allerdings nur im Winter bzw. im zeitigen Frühjahr in Erscheinung treten.
Wenn es Maulwürfen nicht möglich ist, ihre Wohnkammern bzw. ihre Nester bei Kälte in tiefere Erdschichten zu verlagern, entstehen an der Erdoberfläche mitunter kuppelförmige Erdkörper, die wie überdimensionale Maulwurfshaufen aussehen. Solche **»Maulwurfsburgen«** (auch »Sumpfburgen« oder »Winterburgen« genannt) findet man im Winter z. B. in Gelände mit sehr steinigem Boden oder auch in überflutungsgefährdeten Flußauenregionen, wenn hier das Grundwasser zu hoch ansteht. Maulwurfsburgen bieten den in ihnen befindlichen Nestern und Gängen offenbar ausreichenden Kälteschutz.
Ist dagegen eine dicke Schneedecke vorhanden, übernimmt diese die notwendige Wärmeisolierung. Dann können Maulwürfe auch in den obersten Erdschichten und sogar direkt im Schnee aktiv werden. Erkennbar ist dies nach der Schneeschmelze: Außer den gewöhnlichen Maulwurfshaufen findet man weitere Spuren der Grabaktivitäten in Form sogenannter »Erdzylinder« und »Erdrollen«.
Erdzylinder entstehen nach langanhaltender Schneebedeckung und Dauerfrost. Im Prinzip handelt es sich hier um eine

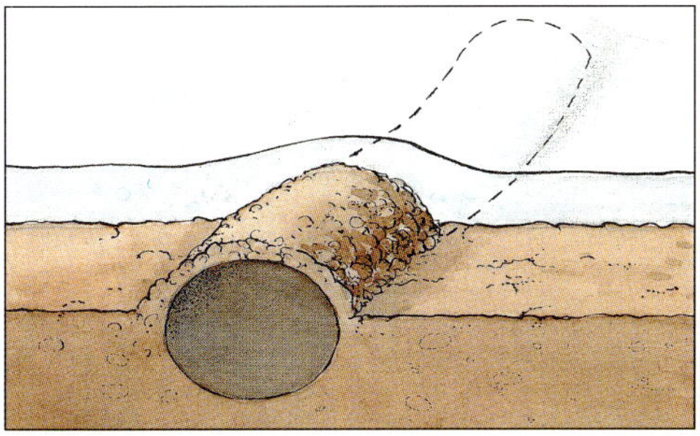

Oberirdisch im Schnee angelegte und mit Erde ausgekleidete Maulwurfsgänge nennt man »Erdrollen«

Sonderform des bekannten Erdhaufens. Die aus dem Boden an die Oberfläche beförderte Erde kann nur nicht seitwärts abfallen, sie muß vielmehr zur »Entsorgung« weiter nach oben durch den Schnee gedrückt werden und wird dabei durch diesen in (Zylinder-)Form gehalten.
Erdrollen (auch »Erdwürste« genannt) sind sozusagen »Abdrücke« oberirdisch im Schnee angelegter und mit Erde ausgekleideter Maulwurfsgänge. Nach der Schneeschmelze im Frühjahr bleiben sie auf dem Wiesenboden zurück.

Ernährung

Eigentlich gehört der Maulwurf zur Ordnung der Insektenfresser, doch seine Nahrung besteht nicht nur aus Insekten und ihren Larven, sondern vor allem aus Regenwürmern. Je nach Bodenverhältnissen und Jahreszeit kann ihr Anteil 50 bis 100% der Gesamtnahrung ausmachen.
Außer Regenwürmern und Insekten werden Tausendfüßer, Schnecken und andere Wirbellose vertilgt. Aber auch kleine Wirbeltiere, besonders Frösche, werden vom Maulwurf verzehrt.
Wie sich das Nahrungsspektrum zusammensetzt, hängt weitestgehend vom jewei-

ligen Lebensraum und seinem Nahrungsangebot ab. Inwieweit auch Aas und sogar Artgenossen gefressen werden – wie teilweise behauptet – ist fraglich. Tote Regenwürmer werden vom Maulwurf jedenfalls nicht angerührt. Wurzeln oder andere Pflanzenteile stehen nicht auf seinem Speiseplan, der Maulwurf beschränkt sich ausschließlich auf tierische Kost.

Zur Beutesuche durchwandert der Maulwurf regelmäßig (etwa alle vier Stunden) seine Tunnel. Täglich benötigen Maulwürfe mindestens die Menge an Nahrung, die ihrem eigenen Körpergewicht entspricht. Pro Maulwurf und Jahr ergibt dies etwa 36 kg an tierischer Futtermenge. Auf Zeiten des Nahrungsmangels bereitet er sich durch das Anlegen von Regenwurmvorräten vor. Die Würmer werden durch einen Biß ins Nervenzentrum bewegungsunfähig gemacht, jedoch nicht getötet, und in unterirdischen Vorratskammern eingelagert, sozusagen als lebende »Konserven«.

Fortpflanzung und Entwicklung

Zu Beginn der Paarungszeit (März bis Juli) begibt sich das Maulwurfsmännchen auf die Suche nach einem Weibchen. Wenn sich sein Revier nicht mit dem eines Weibchens überlappt, muß das Männchen mitunter sehr lange Tunnel graben, bis sein Gangsystem Anschluß an das eines paarungswilligen Weibchens gefunden hat. Männchen und Weibchen bleiben nur für kurze Zeit zusammen. Nach der Paarung zieht sich der männliche Maulwurf wieder in sein ursprüngliches Wohngebiet zurück und lebt wieder als Einzelgänger wie zuvor.

Die Vermehrungsfähigkeit der Maulwürfe ist, verglichen mit der der Wühlmäuse, relativ gering. Die Weibchen werfen einmal, höchstens zweimal im Jahr 2 bis 7 (in der Regel 3 bis 5) Junge, meist im Zeitraum von Mai bis Juni. Die Jungen werden etwa 5 Wochen gesäugt und sind ungefähr nach 2 Monaten selbständig. Ihre Geschlechtsreife erlangen sie jedoch erst im Alter von 10 bis 12 Monaten, also im folgenden Jahr. Diese recht niedrige Vermehrungsrate wird durch eine etwas

Der Maulwurf frißt vor allem Regenwürmer

können Maulwürfe durch ihre Wühlarbeit in unseren Gartenbeeten auch einmal Schaden anrichten. So kann es mitunter vorkommen, daß Wurzeln – zwar nicht direkt, aber indirekt – verletzt oder sogar ganze Pflanzen entwurzelt werden. Problematisch wird es dann, wenn der Maulwurf zum »Wegbereiter« der wirklich gefährlichen Großen Wühlmaus wird, die gern Maulwurfstunnel besiedelt oder diese in ihr Gangsystem mit einbezieht.
Nützlich machen sich Maulwürfe im Garten auch dadurch, daß sie viele schädliche Bodeninsekten fressen. Dazu gehören Drahtwürmer und Erdraupen, Engerlinge von Mai- und Junikäfern, Rüsselkäferlarven, Larven der Kohl- und Wiesenschnaken sowie Maulwurfsgrillen. Auch Schnecken werden gefressen. Der Stellenwert der Maulwürfe als Vertilger von Pflanzenschädlingen ist allerdings umstritten, da diese zwar auf deren »Speiseplan« stehen, innerhalb des gesamten Nahrungsspektrums jedoch offensichtlich in der Minderzahl sind. Denn Hauptnahrung der Maulwürfe sind Regenwürmer. Da diese – wie allgemein bekannt – für den Boden äußerst wichtig und förderlich sind, wird es dem Maulwurf natürlich verübelt, daß er große Mengen an Würmern wegfrißt oder in seine Vorratslager verfrachtet.
Doch besorgte Gärtner können ganz beruhigt sein: Auf den Regenwurmbestand im Boden hat dies insgesamt nur einen geringen Einfluß.
Ein »leidvolles Kapitel« sind dagegen die lästigen Maulwurfshügel. Auf Rasenflächen und in Gemüsebeeten können diese Erdhaufen manchem Gartenfreund die Freude am Garten nehmen. Doch wenn man die Sache einmal ganz objektiv betrachtet: Maulwurfshügel stören sicher die »Gartenästhetik«, sie erschweren die Arbeit beim Rasenmähen, und es macht auch keinen Spaß, sie immer wieder mit Schaufel oder Rechen einebnen zu müssen. Doch ernste gartenbauliche Probleme schaffen sie wohl kaum. Und was viele nicht wissen: Der Erdaushub läßt sich sehr gut als lockere Pflanzerde für Blumentöpfe und Balkonkästen verwenden!
Doch nicht nur im Haus- und Kleingarten, auch im Erwerbsgartenbau, in der Grünlandwirtschaft und im modernen Feldbau kann der Maulwurf bei stärkerem Auftreten durch seine Wühltätigkeit und Erdhaufenbildung zum Ägernis werden.
Die maschinelle Bewirtschaftung wird erschwert, und Graswiesen können erheblich unterminiert werden. Maulwurfshaufen stören beim Mähen und verschmutzen beim Heuschnitt das Futter.
Aus ökologischer Sicht können auf Wiesen aufgeworfene Maulwurfshügel jedoch

Maulwurfshaufen sind zwar nicht schön. Doch ernste gartenbauliche Probleme dürften sie wohl kaum schaffen

äußerst nützlich sein: Dadurch, daß sich auf ihnen bestimmte Pflanzen ansiedeln, die in einer geschlossenen Pflanzendecke nur schwer Fuß fassen würden, leisten sie einen wertvollen, wenn auch kleinen Beitrag zur Erhöhung des Artenreichtums in unserer Landschaft.

Abwehr und Vertreibung

Trotz aller Argumente, die sich für den Maulwurf und seine »Duldung« auf gärtnerisch und landwirtschaftlich genutzten Flächen finden lassen, wird es sicher den

In Deutschland und Österreich ist der Maulwurf durch das Gesetz geschützt

einen oder anderen Gärtner oder Landwirt geben, der diesen »Erdwühler« lieber loswerden möchte. Hier muß jedoch zur größten Zurückhaltung gemahnt werden! Denn der Maulwurf steht nach der deutschen Bundesartenschutzverordnung unter besonderem Schutz und darf in der Regel nicht bekämpft, d. h., weder angelockt, noch gefangen, verletzt oder gar getötet werden!
Ausnahmegenehmigungen können bei »Gefährdung der öffentlichen Sicherheit« von den Oberen Naturschutzbehörden erteilt werden. Dies betrifft aber in der Regel nur »professionelle Bereiche«, wie z. B. den Schutz von Außen- und Binnendeichen, Flugplätzen oder anderen Bauwerken und technischen Einrichtungen. Daß hier »Verminderungsmaßnahmen« gegen den Maulwurf in manchen Fällen unvermeidbar sind, wird jeder verstehen. Da sich diese Maßnahmen aber meist nur gegen einzelne oder wenige Individuen richten, wird der Bestand der Art nicht gefährdet.
Hobbygärtner bzw. Gartenbesitzer dürfen Maulwürfe also in der Regel weder fangen noch töten, sie dürfen allenfalls versuchen, sie fernzuhalten, wenn die Tiere wirklich einmal sehr lästig werden sollten. Das heißt, es bleibt einem nichts anderes übrig, als sich auf die natürlichen Feinde des Maulwurfs zu verlassen. Auch mechanische Abwehrverfahren sowie die mehr oder weniger wirksamen Methoden zu seiner Vertreibung bzw. Vergrämung kommen in Frage.

Vorbeugende und mechanische Maßnahmen

Vorbeugend kann man kaum etwas gegen Maulwürfe unternehmen. Bekannt ist, daß Maulwürfe auf großen, zusammenhängenden landwirtschaftlichen Flächen mit intensiver Bodenbearbeitung nur eine geringe Überlebenschance haben. Daraus zu schließen, daß intensiv genutztes Gartenland gemieden würde und man die Tiere vielleicht durch ein verstärktes Umgraben der Beete oder häufigeres Mähen der Rasenflächen abhalten könnte, wäre sicher falsch. Die Erfahrungen zeigen, daß gerade die frisch bestellten Flächen mit tiefgründig gelockertem Boden gern von Maulwürfen besiedelt werden. Und auch der Rasen bleibt nicht verschont, selbst wenn er regelmäßig betreten und gemäht wird.

Auf großen landwirtschaftlichen Anbauflächen, wie z. B. auf Wirtschaftsgrünland, versucht man ein Auftreten des Maulwurfs durch Abschleppen und Einwalzen der aufgeworfenen Erdhaufen zu vermindern. Die Erfahrungen im Erwerbsgemüsebau zeigen, daß Kohlanbauflächen, die man mit Kalkstickstoff behandelt, allgemein weniger durch Maulwürfe »geschädigt« werden.

Auf den größeren, gartenbaulich oder landwirtschaftlich genutzten Kulturflächen und natürlich im Forst können auch die natürlichen Feinde des Maulwurfs erheblich zu dessen Dezimierung beitragen. Dazu gehören vor allem Fuchs, Marder, Dachs, Wildschwein, Bussard, Waldkauz, Uhu, Schleiereule und Weißstorch.

Sich auf die Schonung und Förderung natürlicher Feinde zu beschränken wird vielen Gartenbesitzern nicht ausreichen. Erfolgversprechender sind dann schon die verschiedenen Methoden der Vertreibung bzw. Vergrämung durch Duftstoffe oder Schallwellen, wie man sie auch gegen Wühlmäuse anwendet. Und es gibt noch eine Parallele zu diesen Schädlingen: Maulwürfe kann man wohl kaum durch eingegrabene Drahtzäune von Beeten fernhalten. Doch hat es sich beispielsweise bewährt, Frühbeetkästen, die für die Aussaat wertvoller Sämereien oder

Der Maulwurf verschließt geöffnete Gänge erst nach längerer Zeit und dann auch nur mit ein wenig loser Erde. Die Gangöffnung oben wurde von einem Maulwurf verwühlt

auch für die Anzucht von Stecklingen vorgesehen sind, zuvor mit einem engmaschigen Drahtgeflecht auszukleiden.

Methoden der Vergrämung

So wie man Wühlmäuse mit von den Tieren als unangenehm empfundenen Düften vertreiben können soll, so gibt es auch zur Vergrämung des Maulwurfs eine ganze Anzahl von Methoden und Mitteln zur **Duftabwehr.** Da die meisten der bereits vorgestellten Duftstoffe sowohl gegen Wühlmäuse als auch gegen Maulwürfe wirksam sein sollen (s. Seite 28–30), seien hier nur noch einige Maßnahmen ergänzt, die speziell zur Abwehr des Maulwurfs empfohlen werden.

Da die zur **akustischen Vertreibung** von Wühlmäusen beschriebenen Verfahren alle auch gegen Maulwürfe wirken sollen, und es hier keine ausschließlich den Maulwurf betreffenden Methoden gibt, lese man die entsprechenden Ausführungen im Wühlmaus-Kapitel (s. Seite 30–31).

Anwendung von Duftstoffen

Ob es ausreicht, in Seifenlauge (Kern- oder Schmierseife) gekochte Nüsse in die Gänge von Maulwürfen zu legen, um die Tiere zu vertreiben, ist äußerst fraglich. Wirksamer scheint es, hierzu ein Gemisch aus Molke und Buttermilch zu verwenden: Dieses sollte zu ¾ aus Molke und zu ¼ aus Buttermilch bestehen und dann – gut verrührt – in die Maulwurfshügel hineingegeben werden. Der Erdhügel ist dafür auseinanderzuziehen und das Gemisch direkt, etwa 15 cm tief, in den Maulwurfsgang zu schütten. Eine Teetasse pro Hügel soll bereits ausreichen. Der sich, insbesondere in den ersten Tagen, entwickelnde starke Geruch kann noch verstärkt werden, wenn das Gemisch 3 bis 4 Tage vor dem Ausbringen in einem warmen Raum aufbewahrt wird.
Die im Handel erhältlichen Wühlmaus-Vergrämungsmittel sollen ebensogut gegen Maulwürfe einsetzbar sein (z. B. »Reiß-Aus«; s. Seite 29). Es sei an dieser Stelle der Hinweis erlaubt, daß viele der angebotenen Präparate denselben Duftstoff enthalten und lediglich unter verschiedenen Handels- bzw. Produktnamen auf den Markt kommen. Leider, aber auch verständlicherweise, wird der eigentliche »Wirkstoff« nicht preisgegeben.
Ein speziell zur Maulwurfabwehr angebotenes Produkt ist »maulwurf RAUS«. Es enthält natürliche, boden- und pflanzenfreundliche Lavasteinchen, getränkt mit intensiv riechenden, rein pflanzlichen Stoffen, und soll die Tiere wirksam und nachhaltig vertreiben. Die Anwendung des Mittels kann vorbeugend im zeitigen Frühjahr, sonst bei Sichtbarwerden der ersten Maulwurfshügel erfolgen. Jeweils 1 bis 2 Lavasteinchen werden dazu pro Quadratmeter in ca. 20 cm tiefe Löcher gegeben, die man am besten mit einem Stock oder einem Spaten stößt. Danach sind die Löcher mit dem Fuß wieder zu verschließen. Das Präparat soll nicht direkt in die Gänge gelegt werden.
Nach Herstellerangabe hält der Wirkstoff – je nach Bodenbeschaffenheit – 4 bis 12 Monate vor.
Ganz neu auf dem Markt sind mit speziellen Duftstoffen natürlichen Ursprungs und pflanzlichen Ölen getränkte Holzstäbchen (»Maulwurf-Schreck«). Die Stäbchen werden einfach in den Boden gesteckt (30 Stäbchen sind ausreichend für ca. 30 m² Fläche) und sollen – je nach Bodenbeschaffenheit – bis zu 4 Wochen den Maulwurf vertreiben bzw. fernhalten.

Direkte Bekämpfungsmaßnahmen

Eine direkte oder gezielte Bekämpfung des Maulwurfs ist – zumindest in Deutschland und Österreich – nur nach Entscheidung der zuständigen Behörde erlaubt, wenn schwerwiegende Schäden abzuwehren sind (s. Seite 60). Wird eine Bekämpfung im »professionellen Bereich« unerläßlich oder ausnahmsweise auch für den »privaten Bereich« amtlich genehmigt, hat sich auf kleinen Flächen und bei Einzelbefall als sicherste, umweltfreundlichste und auch aus der Sicht des Tierschutzes sinnvollste Maßnahme der Fallenfang erwiesen (z. B. Typ Attenkofer oder Wolfsche Kippbügelfalle; s. Seite 32–36).
Mitunter wird aber auch eine chemische Bekämpfung mit Räucherpatronen oder mit Phosphorwasserstoff entwickelnden Begasungsmitteln vorgenommen. Ebenso sind die zur Bekämpfung der Großen Wühlmaus zugelassenen Aluminiumphosphid- und Kalziumphosphid-Präparate auch gegen Maulwürfe wirksam.

Kurzinfo: Maulwurf	
Wissenschaftl. Name	*Talpa europaea*
Besondere Kennzeichen	Vorderpfoten sind zu breiten Grabschaufeln umgestaltet und die Finger mit langen, scharfen Krallen ausgestattet
Körperlänge	11–17 cm (Männchen größer als Weibchen)
Gewicht	65–120 g (Männchen schwerer als Weibchen)
Körperbau	gedrungen, walzenförmig und muskulös; kräftiger Knochenbau; Hals nicht erkennbar
Fell	schwarz bis schiefergrau, samtartig; ohne »Strich«
Augen	sehr klein, oft von Haut überwachsen und von Fell verdeckt
Ohren	nur Gehöröffnungen, äußere Ohrmuscheln fehlen
Schnauze	nackt, rüsselförmig und sehr beweglich; reagiert auf Tastreize
Schwanz	sehr kurz (2–3 cm); wird beim Rückwärtskriechen als Tastorgan genutzt
Nahrung	Regenwürmer sowie Insektenlarven, Tausendfüßer, Schnecken und andere Wirbellose
Grabtechnik	Erde wird abwechselnd mit einer der Vorderpfoten abgelöst
Erdhaufen	sehr auffällig, rundlich und oft in einer Reihe; Erde locker und feinkrümelig; Lage direkt über einem Gang
Gangystem	vielgestaltig und weitläufig; Oberflächengänge (10–40 cm tief), können länger als 10 m sein; Tiefengänge (mind. 1 m tief); rundlich-breitovale Gangöffnungen nach außen (Durchmesser ca. 5 cm); Anlage von Vorratskammern
Nestbau	Wohnkammer ca. 50 cm tief im Zentrum des Baues; Weibchen bauen auch außerhalb des Baues Nester
Vermehrung	meist nur 1 Jahreswurf pro Weibchen mit 2–7 (Durchschnitt 3–5) Jungen
Lebensdauer	bis ca. 4 Jahre
Lebensraum	mäßig feuchtes bis trockenes Grünland, Laubwälder, Gärten und Parks
Verhalten	Einzelgänger mit recht großen Revieren; ganzjährig aktiv; durchläuft regelmäßig seine Gänge zur Beutesuche; vertilgt viele Schadinsekten im Boden und auch Schnecken
Verursachte Schäden	Aufwerfen von Erdhaufen stört beim Mähen und kann Grünfutter (Heu) verschmutzen; Wühltätigkeit kann Pflanzenwurzeln lockern
Abwehrmaßnahmen	evtl. Vergrämung durch Duftstoffe

Anhang

Bezugsadressen

Geräte zur akustischen Vertreibung von Maulwürfen und Wühlmäusen

DEKUR ELECTRONIC-GERÄTE GMBH
Postfach 508, 56005 Koblenz
Tel. 02 61 / 40 15 41 oder 40 95 27
Fax 02 61 / 40 38 88

JORK INDUSTRIE-ELECTRONIC GMBH
Postfach 1250, 52438 Linnich
Tel. 0 24 62 / 60 36 oder 60 37
Fax 0 24 62 / 58 44

Präparate zur Duftabwehr von Maulwürfen und Wühlmäusen

ÖKOLOGISCHE PRODUKTE
Roswitha Kriete
Postfach 770 116, 28717 Bremen
Tel. 04 21 / 63 13 06, Fax 04 21 / 63 28 56

F. SCHACHT GMBH & CO. KG
Postfach 4338, 38033 Braunschweig
Tel. 05 31 / 23 80 30
Fax 05 31 / 2 38 03 30

GFG-GESELLSCHAFT FÜR GRÜN MBH
Wehlingsweg 6, 45964 Gladbeck
Tel. 0 20 43 / 4 70 31, Fax 0 20 43 / 4 56 77

SNOEK GMBH
Tannenweg 153, 27356 Rotenburg
Tel. 0 42 68 / 4 00, Fax 0 42 68 / 13 13

WEBER & RITTERHOFF
Postfach 2161, 26192 Großenkneten
Tel. 0 44 87 / 2 63, Fax 0 44 87 / 2 64

W. NEUDORFF GMBH KG
Postfach 1209, 31857 Emmerthal
Tel. 0 51 55 / 62 40, Fax 0 51 55 / 60 10

Wühlmaus-Fallen

W. NEUDORFF GMBH KG
Postfach 1209, 31857 Emmerthal
Tel. 0 51 55 / 62 40, Fax 0 51 55 / 60 10

STOECKLER BIO AGRAR AG
Neuhofstraße 5, CH-8630 Rüti
Tel. (41) 55 33 11 00, Fax (41) 55 31 50 92

DEUFA
Fallen-Produktions- und Vertriebs GmbH
Alte Landstraße 1–5, 94127 Neuburg
Tel. 0 85 07 / 5 15, Fax 0 85 07 / 5 98

FIRMA HUGO KIEFERLE
Postfach 67, 78244 Gottmadingen-Randegg
Tel. 0 77 34 / 17 68

FIRMA FRIEDRICH WOLF
Flugfeldstraße 14, 86179 Augsburg
Tel. 08 21 / 88 28 20

Beratungsstellen

Biologische Bundesanstalt
für Land- und Forstwirtschaft,
Institut für Nematologie und
Wirbeltierkunde
Toppheideweg 88, 48161 Münster

Sächsische Landesanstalt
für Landwirtschaft
Fachbereich Integrierter Pflanzenschutz
Stübelallee 2, 01307 Dresden

Pflanzenschutzamt Berlin
Mohringer Allee 137, 12347 Berlin

Pflanzenschutzamt Potsdam
Geschäftsstelle des Landesbeauftragten
für Pflanzenschutz
Hermannswerder 20 A, 14473 Potsdam

Pflanzenschutzamt Rostock
Graf-Lippe-Straße 1, 18059 Rostock

Institut für Angewandte Botanik
Pflanzenschutzamt
Marseiller Straße 7, 20355 Hamburg

Pflanzenschutzamt des Landes
Schleswig-Holstein
Westring 383, 24118 Kiel

Landwirtschaftskammer Weser-Ems
Pflanzenschutzdienst
Sedanstraße 4, 26121 Oldenburg

Der Senator für Umweltschutz
Pflanzenschutzdienst
Slevogtstraße 48, 28209 Bremen

Landwirtschaftskammer Hannover
Pflanzenschutzamt
Wunstorfer Landstraße 9
30453 Hannover

Landespflanzenschutzamt Sachsen-Anhalt
Zum Waldsee 1, 39114 Magdeburg

Institut für Pflanzenschutz,
Saatgutuntersuchung und Bienenkunde
Nevinghoff 40, 48147 Münster

Landwirtschaftskammer Rheinland
Pflanzenschutzamt
Siebengebirgsstraße 200, 53229 Bonn

Landesanstalt für Pflanzenbau
und Pflanzenschutz
Essenheimer Straße 144
55128 Mainz-Bretzenheim

Hessisches Landesamt für Ernährung,
Landwirtschaft und Landentwicklung
Pflanzenschutzdienst
Fr.-Wilh.-v.-Steuben-Straße 2
60487 Frankfurt a.M.

Pflanzenschutzamt Saarbrücken
Lessingstraße 12, 66121 Saarbrücken

Landesanstalt für Pflanzenschutz
Reinsburgstraße 107, 70197 Stuttgart

Bayerische Landesanstalt für Bodenkultur
und Pflanzenbau, Abteilung Pflanzenschutz
Vöttinger Straße 38, 85354 Freising

Thüringer Landesverwaltungsamt
Abt. Landwirtschaft
Sachgebiet Pflanzenschutz
Am Waldkasino 3, 99096 Erfurt

Österreich

Bundesamt und Forschungszentrum
für Landwirtschaft
Spargelfeldstraße 191, A-1220 Wien

Schweiz

Eidgenössische Forschungsanstalt
für landwirtschaftlichen Pflanzenbau
Reckenholzstr. 191/211, CH-8046 Zürich

Weiterführende Literatur

BÖHRINGER, M. und JÖRG, G.: Naturgemäßer Pflanzenschutz, Stuttgart 1993

BRUNS und STAMMER: Was Großvater noch wußte, Stuttgart 1992

COLDITZ, G.: Nützlinge und Schädlinge: Tiere als Helfer im Ökosystem Garten, Augsburg 1992

CRÜGER, G.: Pflanzenschutz im Gemüsebau – Handbuch des Erwerbsgärtners, Stuttgart 1991

FORTMANN, M.: Das große Kosmosbuch der Nützlinge – Neue Wege der biologischen Schädlingsbekämpfung, Stuttgart 1993

FORTMANN, M. und ROHNER, R.: Naturgemäßer Pflanzenschutz, Stuttgart 1994

GAUDCHAU, M.-D.: Die Schermaus und ihre Bekämpfung, Bd. 4 der »Agrar- und Umweltforschung in Baden-Württemberg« des MLuF, Stuttgart 1983

HÄNI, F., POPOW, G., REINHARD, H., SCHWARZ, A., TANNER, K. und VORLET, M.: Pflanzenschutz im Integrierten Ackerbau, Verlag Landwirtschaftliche Lehrmittelzentrale, Zollikofen 1988

HENSELER, K.: Der Pflanzendoktor für den Hausgarten, München, Wien, Zürich 1986

HENSELER, K.: Pflanzenschutz in Haus und Garten, Aachen 1989

KREUTER, M.-L.: Pflanzenschutz im Bio-Garten, München, Wien, Zürich 1990

MESCH, H.: Die Scher- oder Große Wühlmaus, Berlin 1993

MICHEL, H.-G., UMGELTER, H. und MERZ, F.: Pflanzenschutz im Garten, Stuttgart 1991

PELZ, H.-J.: Schermaus – Arvicola terrestris (Linnaeus, 1758) **in:** Die Säugetiere Westfalens, Hrsg.: Schröpfer, R., Feldmann, R. u. Vierhaus, H. – Abhandlungen aus dem Westfälischen Museum für Naturkunde, Heft 4, Münster 1984

PETSCH, H.: Urania Tierreich – Säugetiere, Leipzig, Jena, Berlin 1992

POLASCHEK, I.: Nützliche Tiere im Garten, Niedernhausen 1995

SCHMID, O. und HENGGELER, S.: Biologischer Pflanzenschutz im Garten, Stuttgart 1990

STEINER, H.: Nützlinge im Garten, Stuttgart 1995

Merkblätter und wissenschaftliche Publikationen

Bekämpfung der Schermaus
Merkblatt des Pflanzenschutzdienstes Baden-Württemberg, Landesanstalt für Pflanzenschutz, Stuttgart 1991

Wühlmäuse
Merkblatt der Landwirtschaftskammer für das Saarland, Pflanzenschutzamt Saarbrücken (Warndienst 3/91; Informationen für den Freizeitgärtner)

Anleitung zum Wühlmausfang mit Fallen
Merkblatt der Landwirtschaftskammer Hannover, Pflanzenschutzamt (Pflanzenschutz-Hinweise)

Schermaus – Arvicola terrestris (Linnaeus, 1758)
Pelz, H.-J., in: Die Säugetiere Westfalens, Hrsg.: Schröpfer, R., Feldmann, R. und Vierhaus, H. – Abhandlungen aus dem Westfälischen Museum für Naturkunde, Heft 4, Münster 1984

Ergebnisse des Forschungsvorhabens »Wühlmausbekämpfung in Obstanlagen«
Gemmeke, H. und Pelz, H.-J. Nachrichtenblatt des Deutschen Pflanzenschutzdienstes 39 (5), S. 65–70, Eugen Ulmer GmbH & Co., Stuttgart 1987

Vergrämung von Nagern – Welche Aussichten bieten physikalische Mittel?
Pelz, H.-J., Der praktische Schädlingsbekämpfer 9/89, S. 166–168

Aussichten von Vergrämungsmaßnahmen zur Abwehr von Schäden durch kleine Säugetiere
Pelz, H.-J., **aus:** Mitteilungen aus der Biologischen Bundesanstalt für Land- und Forstwirtschaft, Heft 301, 1994

Müssen wir Tiere gleich töten?
Maßnahmen zur Verminderung überhandnehmender freilebender Säugetiere und Vögel
Schriftenreihe des Bundesministers für Ernährung, Landwirtschaft und Forsten, Heft 404, Landwirtschaftsverlag, Münster-Hiltrup 1991

Aktivitätsspuren des Maulwurfs (Talpa europaea L.) im Winter
Johannesson-Gross, K., Säugetierkd. Inf. 3, Heft 18, S. 585–599, Jena 1994

Verlauf der Wiederbesiedelung einer Flußauenregion durch Maulwürfe (Talpa europaea L.) nach zeitweiser Überschwemmung
Johannesson-Gross, K., Zeitschrift für Angewandte Zoologie, Heft 2, S. 135–144, Berlin 1986

Danksagung
Der Verfasser dankt den vielen Fachleuten und Firmen, deren mündliche und schriftliche Mitteilungen sowie Publikationen eine wertvolle Hilfe bei der Erstellung des Manuskripts darstellten. Genannt seien hier insbesondere:
Frau Dr. K. Johannesson-Gross (Kassel), Frau C. Gattermann (BBA Braunschweig), R. Rohner (Stoeckler Bio Agrar AG), Dr. H.-J. Pelz (Institut für Nematologie und Wirbeltierkunde der BBA), P. Baumjohann (W. Neudorff GmbH KG), M. Fröschle (Landesanstalt für Pflanzenschutz, Stuttgart), Dr. W. Rieckmann (Pflanzenschutzamt der Landwirtschaftskammer Hannover), Dr. G. Lauenstein (Institut für Pflanzenbau und Pflanzenschutz der Landwirtschaftskammer Weser-Ems), Dr. C. Högger (Eidgenössische Forschungsanstalt für landwirtschaftlichen Pflanzenbau, Zürich-Reckenholz).

Register

Halbfette Seitenzahlen verweisen auf eine ausführliche Erläuterung des Begriffs, *kursive* auf Abbildungen.

Genehmigte Lizenzausgabe für Weltbild Verlag GmbH, Augsburg 1999

Umschlaggestaltung: Georg Lehmacher, Friedberg (Bay.)
Umschlagmotive: Robin Redfern/OSF/OKAPIA (oben rechts), NAS/T. McHugh/OKAPIA (unten rechts)
Fotos: Photoagentur Dorothea Baumjohann, Hameln: 19 o., 22 l., 22 r., 26, 52 l., 61; **Photo Rolf Bühl,** Stuttgart: 18; **Klaus Kuttig,** Hameln: 3, 8, 16 u., 17, 31, 33, (2x); **Landesanstalt für Pflanzenschutz,** Stuttgart: 32/**Stehle:** 16 l. o., 41, 44 l.; **Eberhard Raiser/PPZ Zunke,** Hamburg: 9, 19, u., 20, 21, 24, 25 (3x), 27, 35, 39, 60 l. o.; **Reinhard-Tierfoto,** Heiligkreuzsteinach-Eiterbach: 2, 4, 5, 12 r., 43, 44 r., 51, 53, 54; **H. Schrempp,** Breisach: 1; **Dr. Ulrich Zunke,** Hamburg: 60 l. u.
Zeichnungen: Gerhard Scholz, Dornburg: 6, 7, 11 (2x), 12 l., 13, 15, 34 (3x), 38 (2x), 45, 46, 47, 52 r., 55, 56, 57, 58

Die Ratschläge in diesem Buch sind von dem Autor und vom Verlag sorgfältig erwogen und geprüft, dennoch kann eine Garantie nicht übernommen werden. Eine Haftung des Autors bzw. des Verlags und seiner Beauftragten für Personen-, Sach- und Vermögensschäden ist ausgeschlossen.

Satz und Lithografie: Grunewald Satz & Repro GmbH, Kassel
Gesamtherstellung: Appl, Wemding
Printed in Germany

ISBN 3-8289-1555-8

Gärtner Pötschkes großes Gartenbuch

288 Seiten, Format 16,0 x 24,0 cm,
gebunden
Best.-Nr. 344 952
ISBN 3-86047-735-8
Sonderausgabe nur DM 12,80

Dr. H. Suter:

Gemüse aus dem eigenen Garten

80 Seiten, Format 21,5 x 26,6 cm,
gebunden
Best.-Nr. 203 711
ISBN 3-89440-132-X
Sonderausgabe nur DM 10,–

Das große Buch der Gartenpraxis

256 Seiten, Format 24,0 x 27,9 cm,
gebunden
Best.-Nr. 780 379
ISBN 3-8289-1523-X
Dt. Erstausgabe nur DM 25,–

Wolfgang Kawollek/Dietrich Mierswa:

Wintergärten

112 Seiten, Format 21,0 x 26,0 cm,
gebunden
Best.-Nr. 392 829
ISBN 3-8289-1509-4
Sonderausgabe nur DM 15,–